생태동화작가 권오준의 우리 새 이야기

우리가 아는 새들
우리가 모르는 새들

우리가 아는 새들
우리가 모르는 새들

1쇄	2014년 5월 25일
2쇄	2019년 7월 15일
지은이	권오준
책임편집	정채영
디자인	이윤아
펴낸이	송은숙
펴낸곳	겨리
주소	21347 인천광역시 부평구 부개로 58, 110-803
전화	070. 8627. 0672
팩스	0505. 273. 0672
홈페이지	www.gyeori.com
등록번호	제2013-000009호

ⓒ 글과 사진   권오준 2014
ISBN   978-89-957983-5-5   73490

» 이 책은 저작권법에 의해 보호받는 저작물이므로
  이 책에 실린 글과 이미지의 무단 전재와 무단 복제를 금합니다.
» 이 책 내용의 전부 또는 일부를 이용하려면 반드시 저작권자와
  겨리의 서면동의를 받아야 합니다.
» 이상이 있는 책은 구입하신 곳에서 바꾸어 드립니다.
» 이 도서의 국립중앙도서관 출판시도서목록(CIP)은 e-CIP홈페이지
  (http://www.nl.go.kr/ecip)에서 이용하실 수 있습니다.
  (CIP제어번호 : CIP2014015211)

감성과 호기심 유전자를 듬뿍 물려 주신
아버지와 하늘나라 어머니께

 **작가의 글**

　독일 속담에 이런 게 있다. '모든 시작은 어렵다'(Aller Anfang ist schwer). 어떤 일이든 새로 시작한다는 건 결코 쉬운 일이 아니다. 그동안 해오던 일도 어려운데, 뭔가를 새로 시작하려면 '이게 잘 될까?', '과연 할 만한 가치가 있는 걸까?' 하고 온갖 생각이 든다. 그에 비해 '시작이 반'이라는 우리 속담은 희망이 담겨 있는 것 같아 좀 위안이 된다.

　여러 해 전 봄, 분당 영장산에 갔던 날이 떠오른다. 숲을 걷고 있는데, 갑자기 이끼 한 뭉치가 내 머리 위로 떨어졌다. 낙엽이 떨어지면 몰라도 이끼가 떨어지다니! 둘레를 살펴보았다. 밤나무에 둥지 하나가 눈에 띄었다. 몸을 숨겨 기다려 보았다. 알고 보니 새 한 마리가 알을 품고 있다가 날아갔는데, 둥지 재료인 이끼가 새의 발가락에 걸렸다가 나한테 떨어진 것이었다. 그 새는 호랑지빠귀였다. 새에 대한 호기심이 발동했다.

　이튿날부터 하루 10시간씩 새를 관찰했다. 내가 할 수 있는 건 그저 지켜보는 것뿐이었다. 위장막을 치고 캠코더로 촬영을 했다. 관찰하거나 사진 찍은 것으로는 의문점이 해결되지 않았지만, 영상은 달랐다. 촬영한 영상을 반복해서 보니, 새들의 행동이나 습성이 조금씩 이해되었다. 새소리에 뭔가 의미가 담겨 있다는 걸 알아내면서부터 새에 대한 호기심이 부쩍 커졌다. 시간이 흐르면서 새의 비밀이 한 꺼풀씩 드러났다.

한 종류의 새를 2~3년씩 관찰하고 나서 생태동화 책을 출간했다. 모두 산과 들에서 직접 지켜보았던 사실을 바탕으로 쓴 동화책이었다. 내가 미처 관찰하지 못했거나 알 수 없는 것들은 상상의 퍼즐 조각을 채웠다. 의외로 아이들이 크게 반응했다. 아이들은 놀랍게도 새들의 행동과 습성에 관심이 많았다.

　강연 때마다 촬영한 새 영상을 보여 주고, 질문을 던지면 아이들은 자신들이 느끼고 생각한 점을 얘기했다. 하나의 질문에 무려 수십 가지 대답이 나왔다. 아이들의 말랑말랑한 상상이 얼마나 앙큼(!)하고 놀라운지 실감할 수 있었다. 이 모든 것이 새에서 비롯된 일이다.

　새는 정말 우리가 가까이서 지켜볼 가치가 있다. 관찰해 볼 만한 동물이다. 거기서 얻는 기쁨과 행복, 감동이 적지 않다. 우리가 이미 알았던 몇몇 새들도 색다른 즐거움을 주고, 우리가 몰랐던 새들을 만나 보면 상상할 수 없는 호기심이 일 것이다.

　독일 속담처럼 모든 시작이 쉽지 않은 건 맞다. 하지만 시작이 반이다. 시작해 보자. 새들의 움직임을 가만히 들여다보고, 그 소리에 귀 기울여 보자. 멀리 갈 것도 없다. 우리 곁에는 언제나 새들이 날아다니니까!

　　　　　　　　　　　　　　　　용인 삼계리에서

차 례

1장 우리 곁의 새들

새들이 우리에게 주는 것들	10
우리 곁의 새들	18
새들의 이름	24
제비의 삶	28
산새와 물	32
사라진 백로마을	36
연못에서 구한 새끼오리	40
삑삑이와 살았던 240일	46

2장 새들의 힘겨운 나날

새들의 힘겨운 나날	54
길 잃은 새들	62
새들의 죽음	66
속임수의 달인	72
떠내려 온 둥지	76
비상식량을 남기는 지혜	80

3장 새에 관한 의문들

새들이 보는 다른 세계	86
멧비둘기 알	90
지렁이와 버찌	94
철새에 관한 의문들	98
부리의 비밀	102
형제끼리 죽이는 새들	108
둥지를 둘러싼 싸움	114
가락지와 날개 표지	120

4장 새와 사람

싱글맘과 싱글대디	126
작은 고추가 맵다	130
놀라운 사냥꾼	134
동생을 돌보는 새들	138
새들의 의사소통	144

5장 새를 부르는 버드피더

새 모이대, 버드피더	152
버드피더 만들기	156

부록 이 책에 나오는 새들   160

삑삑이는 새장에서 나오지 않았다.
"꽥꽥꽥꽥꽥꽥꽥"하며 30초도 넘게
울어대는 것이었다.
그리고는 힘차게 날아올라 탄천 쪽으로 사라졌다.
삑삑이는 다시는 돌아오지 않았다.
아파트로 온 지 240일 만이었다.

〈삑삑이와 살았던 240일〉 중에서

우리 곁의 새들

새들이 우리에게 주는 것들
우리 곁의 새들
새들의 이름
제비의 삶
산새와 물
사라진 백로마을
연못에서 구한 새끼오리
삑삑이와 살았던 240일

1장

새들이 우리에게 주는 것들

여름철새 호랑지빠귀. 지렁이를 주로 잡아먹기 때문에 산기슭이나 공원에서도 만날 수 있다.

지난 겨울 미국에서 특이한 사건 하나가 벌어졌다. 북극권에 살고 있는 눈올빼미가 미국의 25개 주에서 동시에 나타난 것이다. 눈올빼미 먹잇감인 레밍이 툰드라 지역에 급격히 줄어들어 일어난 일이었는데, 미국과 캐나다의 새 관련 단체가 모두 나서서 전국적으로 모니터링을 했다. 새를 관찰하는 수십 만 명이 마치 숨은그림찾기라도 하듯 곳곳에서 눈올빼미를 찾아냈다. 무려 2천500마리나!

우리보다 탐조문화가 일찍 시작된 미국과 캐나다에서 벌어진 일이었지만, 이 기사를 보면서 느낀 점이 있다. 미국과 캐나다인들은 새와 함께, 즉 자연과 더불어 살아가고 있다는 느낌이 들었다. 생각해 보라. 올빼미 좀 나타났다고 미국과 캐나다 전역에서 사람들이 쌍안경 들고 뛰쳐

우리 둘레의 물가에서도 이렇게 예쁜 새를 만날 수 있다. 물총새.

나오는 모습을. 우린 서해안에 황새가 나타나도 그냥 무덤덤하고 별다른 감흥이 없다. 그만큼 우리가 각박하게 살고 있는 것인지 모른다.

새를 처음 만났던 그때

새를 처음 만났던 때가 떠오른다. 어느 날 숲속을 거니는데, 하늘에서 이끼가 떨어졌다. 아니, 하늘에서 낙엽이 아닌 이끼가 내 머리 위에 떨어지다니(새 발가락에 걸린 둥지재료 이끼였다.) 호기심이 발동했다. 바로 옆 밤나무에 뭔가 보였다. 둥지였다. 나뭇가지를 붙잡고 올라가 보니 둥지에 알이 네 개가 있었다. 어렸을 적 장난치듯 찾아낸 알과는 전혀 느낌이 달랐다. 그건 생명이었다. 호랑지빠귀는 고귀한 생명을 끌

어안고 있었던 것이다. 순간 말로 표현 못할 감동이 밀려왔다.

이튿날부터 호랑지빠귀를 열심히 관찰하기 시작했다. 남대문시장에 가서 장갑차 위장막을 구해 왔다. 위장막 안에 몸을 숨기니 호랑지빠귀는 맘 편히 알을 품었다. 그로부터 며칠 뒤 되지빠귀 둥지를 찾았고, 조팝나무에선 붉은머리오목눈이(일명 '뱁새'. 이 새의 둥지에 주로 뻐꾸기가 알을 낳는다.) 둥지도 발견했다. 새들은 숲 속 깊숙이 사는 게 아니었다. 길에서 10분만 걸으면 만날 수 있는 곳에 아주 가까이 있었다.

관찰시간이 늘어나면서 새들이 의사소통하는 것이 조금씩 보였다. 새들은 우리 사람처럼 복잡한 언어로 소통하는 건 아니지만, 생존과 먹이, 위험과 관련된 신호를 꾸준히 개발해 온 듯싶었다. 번식 중엔 더 은밀한 언어로 소통하고 있었다.

새들에게서 배우고 얻는 게 많다. 수십 마리가 함께 생활하는 참새.

우리 둘레에서 자주 보는 텃새 직박구리. 게걸스럽게 고욤을 따먹고 있다.

어느 날 밤이었다. 되지빠귀 수컷이 둥지에 있는 암컷에게 신호 보내는 장면을 촬영했다. 호랑지빠귀 수컷도 둥지에 들어가기 전 암컷에게 신호를 보내고 있었다. 여름철 새인 꼬마물떼새는 다양한 신호를 주고받으며 번식철을 보냈다. 새들은 그런 식으로 의사소통을 하며 살아가고 있었다. 놀라운 일이었다.

부지런한 새들의 세계

 새들은 참 부지런하다. 봄에는 해도 뜨기 전에 나무꼭대기에 올라가 노래한다. 암컷과 짝을 맺어 새끼 치려는 본능 때문이겠지만, 암컷을 부르는 수컷들의 열정은 눈물겹다. 수컷들은 하루 종일 암컷들을 유혹하기 위해 노래자랑을 하며 번식철을 보낸다. 그때는 끼니도 거르는 것 같다.

 산새들에 비하면 물새들의 삶은 더 치열하다. 예를 들어 꼬마물떼새 수컷은 암컷의 선택을 받으려고 특별한 춤도 준비해야 한다. 가슴깃털을 활짝 부풀리며 암컷의 마음을 사로잡아야 한다.

흰뺨검둥오리 어미가 물가에서 새끼들을 재워 놓고 자신은 망을 보고 있다.

 오리들의 삶은 더 처절하다. 한겨울부터 암컷을 차지하려고 난리다. 암컷 눈에 들기 위해 멋진 깃털을 내보이며 수시로 패션쇼까지 해야 한다. 그걸로 끝이 아니다. 수컷의 수가 많으니 무한 경쟁이다. 수컷끼리 몸

청둥오리 수컷들은 봄이 오기 전부터 암컷을 차지하기 위해 치열하게 경쟁한다.

싸움을 하고, 한편으로는 암컷을 유혹해야 한다. 한시도 긴장을 풀지 못한다. 암컷이 다른 수컷을 선택하는 순간 모든 게 물거품이 되는 거니까.

 서울 창경궁 춘당지 연못에서는 오리과의 천연기념물 원앙을 쉽게 만날 수 있다. 원앙 수컷은 우리나라 새 가운데 깃털이 가장 아름답기로 유명하다. 춘당지는 원앙들을 아주 가까이서 관찰할 수 있는 탐조 명소

다. 겨울이 되면 원앙이 짝짓는 광경을 볼 수 있고, 수컷들끼리 벌이는 싸움도 구경할 수 있다. 암수가 서로 다정하게 깃털을 골라주는 장면도 자주 보인다.

자주 볼 수 있는 새부터 관찰하라

우리 새는 대략 450종이다. 그 가운데 일반적으로 우리가 아는 새들은 몇 종 안 된다. 까치나 참새, 비둘기, 백로, 까마귀, 오리 정도다. 하지만 조금만 관심을 기울이면 박새와 곤줄박이, 동고비와 직박구리가 보이고 노랑턱멧새와 어치(산까치), 멧비둘기, 꾀꼬리도 눈에 들어온다. (아, 뻐꾸기가 있다. 그런데 뻐꾸기 노래는 흔히 듣지만 실제 뻐꾸기를 본 사람은 거의 없다.) 새에 대해 조금 관심을 가지면 대략 10여 종을 알게 되는 것이다. 그 정도만으로도 재미와 감동을 얻을 수 있다.

관찰은 자주 볼 수 있는 새로 시작하는 게 좋다. 박새나 곤줄박이, 동

창경궁 춘당지에서 무리 지어 사는 텃새 원앙.

고비나 직박구리 또는 어치나 멧비둘기 정도가 괜찮다. 새들은 날개가 있어서 쫓아다닐 수가 없는 대신 새들이 자주 찾는 자리에 미리 가서 기다리면 된다. 바로 물웅덩이나 옹달샘이다.

물이 있는 곳에는 새가 온다

물이 고여 있는 곳이라면 어디를 가든 간에 새들을 만날 수 있다. 새들의 높은 체온 덕분이다. 평균체온이 40~42도나 되는 새들은 수시로 열을 내려야 한다. 하루에도 여러 차례 목욕탕에 가야 하는 것이다. 사실 새들에게는 사우나 같은 대형 목욕탕도 필요 없다. 한 방울씩 똑똑 떨어지는 곳이라도 새들은 마다하지 않는다. 그저 목을 축이면 되기 때문이다. 물 앞에 위장막을 쳐놓고 기다리면 새들은 마치 일정표를 따르는 것처럼 하나둘씩 나타난다. 한두 시간이면 여러 종의 산새들이 찾아온다. 서너 시간 이상 기다리다 보면 전혀 예기치 않은 새도 만날 수 있

새를 관찰하는 아이들. 가까이 보면 더 큰 감동이 전해진다.

아이들과의 탐조. 새들이 살아가는 모습을 보면서 얻을 수 있는 게 많다.

유수지 물에서 밤을 보낸 기러기들이 아침을 맞이하고 있다.

다. 한번 물웅덩이에 자리 잡으면 오랫동안 앉아 있는 까닭이 바로 그 때문이다.

하지만 물이 없는 곳이어도 문제가 되지 않는다. 꼭 숲에 들어가야 하는 것도 아니다. 산새들은 의외로 공원이나 아파트에도 자주 나타난다. 공원이나 아파트 화단 한적한 곳에 자리를 잡는다. 수풀에 몸을 숨기면 더 좋겠지만, 그냥 자세를 낮추고 '얼음 땡' 해도 상관없다. 20~30분이면 어디선가 슬슬 새가 내려앉는다. 그만큼 새들은 우리 둘레에 많이 있다.

새들에게 배울 수 있는 것들

탐조여행을 해보면 아이들은 어른보다 새에 대해 더 열광한다. 노랑부리저어새나 기러기에 필드스코프 초점을 맞춰 놓고 아이들에게 이야기해 보라고 한다.

"저어새가 물속에 부리를 집어넣고 저어요."

"기러기가 땅바닥을 막 파네요."

"청둥오리 수컷들이 암컷 옆에 모여 있어요."

아이들은 말하면서 자연스럽게 새들의 행동에 빠져든다. 필드스코프로 새들의 움직임은 물론 깃털 색깔까지 생생하게 볼 수 있기 때문이다. 그건 마치 차를 좋아하는 사람이 스포츠카 페라리나 포르쉐를 바로 앞에서 보는 것과 비슷하다. 탄성이 절로 나올 수밖에 없다.

언젠가 산솔새와 나무의 성장에 대해 쓴 글을 본 적이 있다. 한 그룹의 묘목에는 촘촘한 그물망을 씌우고, 다른 한 그룹에는 새가 들어가게 그물망을 씌우지 않았다. 두 그룹의 나무에는 모두 벌레들이 붙어 사는데, 그물망을 안 씌운 묘목이 씌운 그룹의 묘목

해충을 없애 숲에 이로움을 주는 산솔새.

보다 15% 이상 더 빠르게 성장했다는 것이다. 산솔새가 그만큼 해충을 많이 잡아먹었다는 뜻이다.

새들이 우리에게 보여 주는 것은 매우 많다. 소중히 알을 품고, 목숨 걸고 새끼들을 키우는 자식사랑이 그것이다. 새들은 거친 환경을 이겨내며 해마다 이동하는 것도 마다하지 않는다. 새를 통해 인내심도 배울 수 있다. 어디 그뿐인가. 가까이 보면 사랑과 감동까지 우러나온다. 그게 새들이 우리에게 주는 것들 중에서 가장 크고 가치 있는 것이 아닐까.

우리 곁의 새들

이른 봄, 겨울철새 되새가 단풍나무에서 흘러나오는 수액을 빨아 먹고 있다.

까치가 전봇대에 둥지를 트는 까닭은 우용태 선생님의 주장이 옳다고 본다.
숲이 없어지고 둥지를 만들 나무가 없어서가 아니라, 도시에 적응한 까치가 나무보다 전봇대가 둥지를 만들어 새끼치기에 더 좋다고 판단하기 때문이라는 것이다. 새의 습성도 변하고 있다. 《물총새는 왜 모래밭에 그림을 그릴까》 52쪽에 나온다.

기나긴 겨울이 물러간다. 2월 하순이 되면 서서히 추위가 누그러진다. 어쩌다 꽃샘추위가 닥쳐와 다시 겨울 오는 게 아닌가 싶을 때도 있지만 그건 반짝 추위다. 겨울은 다가오는 봄을 막지 못한다.

봄소식을 물고 오는 새들

봄소식은 텃새 까치가 알려준다. 까치들은 아파트 단지 메타세쿼이아 나무는 물론 전봇대나 가로수 또는 산기슭의 나무꼭대기에도 둥지를 튼다. 작년에 썼던 둥지를 수리해서 다시 쓰는 리모델링 작업을 하는 까치도 보이는데, 연신 "찌이릉 짹" 하며 그들만의 신호를 주고받는다.

왜가리도 일찍 봄을 맞이한다. 왜가리는 2월이면 집단 번식지로 하나씩 몰려들고, 3월이면 그 수가 꽤 늘어난다. 백로들도 한데 모여 집단번식을 하고, 해오라기도 사이좋게 함께 새끼 치는 걸 볼 수 있다. 겨울철새 오리들이나 기러기들은 막바지 먹이활동을 하느라 정신없다. 몸에 영양공급이 제대로 되어야만 수천 킬로미터에 이르는 번식지로 무사히 돌아가고, 번식 성공률도 높일 수 있기 때문이다. 개천에서 월동했던 백할미새도 오리, 기러기들과 함께 북쪽여행 채비를 한다.

박진영 박사님의 《새의 노래, 새의 눈물》 26쪽에 나온다.

이른 봄에는 박새와 곤줄박이, 동고비 같은 텃새들이 노래 부르며 부산스럽게 움직인다. 직박구리도 아파트와 공원에서 시끄럽게 울어대며 봄을 맞이한다. 산기슭이나 공원에서 "꾸꾸 꾸우꾸우 꾸꾸 꾸우꾸우" 하는 소리가 들린다면 그건 멧비둘기다. 멧비둘기는 새끼들에게 액체로 된 피존밀크를 토해 주는 덕분에 추위가 가시지 않은 계절에도 번식한다.

우리 주변에서 가장 많이 보이는 텃새 직박구리. 유난히 울음소리가 크다.

숲에 조금만 들어가면 "찌릿 찌릿" 하며 나뭇가지를 타고 위로 올라가는 텃새 오목눈이가 관찰된다. 유난히 꼬리가 긴 오목눈이는 붉은머리오목눈이(일명 '뱁새')처럼 겨우내 무리지어 다니다가, 추위가 수그러들면 짝을 지어 다닌다. 이때는 소리를 내지 않고 최대한 가까이 붙어 다닌다.

봄철에는 날이 가물어서 산새들이 힘겨워한다. 체온이 높아 자주 목욕을 하고 물을 마셔야 하는 새들로서는 먹이보다 물 걱정이 더 크지 않을까 싶다. 산새들은 나무에서 나오는 수액을 빨아 먹으며 봄을 맞이한다. 봄비가 오면 산새들은 여기저기 괸 물에 목욕하며 더러워진 깃털을 씻고 갈증도 해소한다. 하지만 겨우내 바짝 마른 숲은 봄비를 내버려 두지 않는다. 숲은 마치 빗물의 포식자라도 되는 것처럼 왕성하게 빨아들

차윤정 님의 《숲의 생활사》 21쪽에 나온다.

인다. 봄비가 내린 뒤 사나흘만 지나면 촉촉하던 땅바닥이 금방 푸석푸석해지는 까닭이 바로 거기에 있다.

봄이면 날아오는 호랑지빠귀

어둠이 깔리면 새들은 저마다 잠자리를 찾는다. 그런데 밤에 노래하는 녀석이 있다. "히이 호오 히이 호오" 하면서. 언젠가 시골 사람들이 귀신 나타났다고 방송국에 제보를 해서 유명세를 탄 녀석, 여름철새 호랑지빠귀다.

호랑지빠귀는 주식인 지렁이 사냥하는 법이 독특하다. 몸을 위아래로 흔들어 땅바닥에 진동을 전한다. 지렁이를 찾아내는 방법인데, 마치 춤추는 것 같다.

포천의 도연 스님은 호랑지빠귀 첫 울음소리를 몇 년 동안 꼬박꼬박 기록해 놓았다. 2007년에는 4월 26일, 2008년엔 4월 11일, 2009년엔 4월 18일, 2010년엔 3월 15일, 2011년엔 3월 28일로 우리나라로 날아오는 시기가 점점 당겨지고 있음을 알 수 있다. 최근에는 남쪽나라로 가지 않고 우리나라에서 월동하는 호랑지빠귀도 늘고 있다.

우리나라에 오는 시기가 점점 앞당겨지고 있는 여름철새 호랑지빠귀.

박새 새끼들이 알에서 깨어나 먹이 달라며 난리다. 이끼와 깃털을 깐 둥지는 따뜻하고 포근하다.

북쪽으로 돌아갈 때가 되면 오리들은 먹이활동이 더욱 왕성해진다. 초콜릿색의 고방오리 수컷.

도연 스님이 쓴 《나는 산새처럼 살고 싶다》 144쪽에 나와 있다.

우리 새 생태동화 《홀로 남은 호랑지빠귀》는 남한산성에서 실제 겨울을 났던 이야기를 바탕으로 했는데, 그 호랑지빠귀는 다리를 다쳐 남쪽나라로 가지 못했다.

개천의 새 종류도 달라져

4월이 되면서 개천의 풍경이 바뀐다. 겨울철새 백할미새가 머물다가 떠난 자리에 여름철새 알락할미새들이 날아온다. 두 새 모두 하얀색과 검은색 깃털이 비슷하지만 하나는 겨울철새로, 또 하나는 여름철새로 오는 게 흥미롭다. 곧 여름철새 노랑할미새도 합류한다. 할미새과 새들은 꼬리를 위아래로 까딱거리는 습성이 있어 멀리서도 쉽게 알 수 있다. (할미새과의 물레새만 예외다. 물레새는 꼬리를 위아래로 까딱거리지 않고 좌우로 흔든다.)

개천 자갈밭에서 "삐이 삐이" 하는 소리가 들린다. 여름철새 꼬마물떼새다. 한 녀석이 "삐이" 하는데, 또 한 녀석이 "삐이" 하고 대답하면 그건 자갈밭에서 알을 품고 있다는 뜻이다. 알이 어디에 있는지는 찾기 어렵다. 알이 자갈 색깔과 워낙 비슷하기 때문이다.

개천의 보(둑을 쌓아 물을 막아두는 곳) 아래 봇물 쏟아지는 곳에는 어김없이 새가 서 있다. 그런 곳은 으레 해오라기 차지다. 해오라기는 이따금 낮에도 보이지만, 주로

2월 중순, 까치가 둥지를 만들기 위해 나뭇가지를 물어 나르고 있다.

추위가 여전한데도 멧비둘기는 짝을 맺고 번식에 들어간다. 새끼에게 벌레가 아니라 피존밀크를 먹이는 덕분이다.

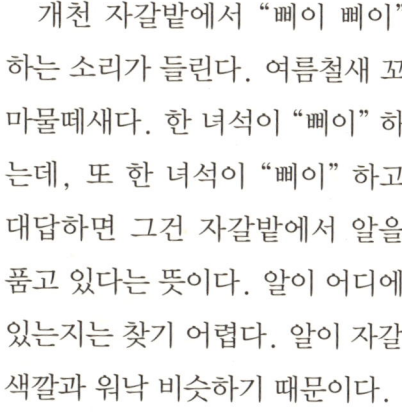

해오라기는 꼼짝 않고 서서 물고기가 나타나기를 기다리다 기회가 포착되면 부리로 잽싸게 낚아챈다.

어두워질 무렵에 나타난다. 해오라기는 한 자리에서 꼼짝하지 않고 물고기를 기다리는데, 여름철새 검은댕기해오라기도 그런 자리를 좋아한다. 한창 번식 중인 중대백로와 쇠백로도 보 아래에서 날개를 퍼덕거리며 물고기를 사냥한다.

숲이 우거질 때가 새들의 번식시기

　5월이 되어 봄비가 내리면 숲은 순식간에 초록색으로 변한다. 풀도 성큼 자라고, 덤불 이파리들도 손톱 만하게 큰다. 이는 본격적인 번식철이 되었다는 뜻이다. 박새나 노랑할미새, 딱새처럼 두 번씩이나 번식하는 새들은 새끼들 키워 내느라 바쁘다. 2차 번식을 해야 하니 1차 번식 새끼를 얼른 키워 독립시켜야 한다.

　생태공원에 걸어둔 인공둥지에는 산새들이 들락거리는 걸 볼 수 있다. 인공둥지에는 박새나 곤줄박이, 동고비 등이 번식하는데 여름철새 흰눈썹황금새도 종종 새끼를 친다. (이 새들은 모두 딱따구리가 파놓은 구멍둥지를 이용하지만, 인공둥지도 곧잘 활용한다.)

　딱따구리도 번식철이다. 쇠딱따구리와 오색딱따구리, 청딱따구리가 참나무나 은사시나무, 오동나무 등에서 새끼를 친다. 딱따구리들은 등산로 바로 옆 나무에 과감하게 둥지를 틀어 우리를 놀라게 한다.

　뻐꾸기 노랫소리도 자주 들려온다. 숲 속의 가수 꾀꼬리 지저귀는 소리도 정겹다. 파랑새가 나타나는 것도 이맘때다. 파랑새가 숲에 나타나면 제일 긴장하는 건 까치다. 파랑새는 까치 무리가 한꺼번에 덤벼들어도 눈 하나 까딱 안 한다. 까치는 파랑새가 새끼를 치고 있는 동안에도 계속 괴롭힌다. 그래도 파랑새가 항복하는 일은 없다. 어느 시기가 되면 까치도 파랑새를 받아들이고 만다.

　여름철새 되지빠귀는 보통 찔레나무 이파리가 둥지를 완전히 가려 주어야 번식을 한다. 그에 비해 호랑지빠귀는 나무줄기가 갈라진 곳에 둥지를 마련한다.

맹금류의 활동도 눈에 띈다. 숲에서는 여름철새 붉은배새매가 관찰된다. 숲 앞에 확 트인 습지나 논이 있는 곳이라면 기대해 볼 만하다. 새끼에게 먹여 주는 주요 먹잇감이 개구리이기 때문이다. 흰뺨검둥오리 어미가 어린 새끼들을 데리고 돌아다니는 것도 이때다.

번식이 모두 끝나고 여름이 되면 산새들은 잘 보이지 않는다. 새끼들은 한동안 어미를 졸졸 따라다니며 먹이를 얻어먹다가 스스로 살아가게 된다. 텃새는 계속 우리 땅에서 살아가지만, 여름철새들은 남쪽나라로 떠나는 가을까지 부지런히 먹이를 찾아야 한다.

우리 곁에는 많은 새들이 있다. 조금만 눈을 크게 뜨고 보면 여기저기에 새들이 보인다. 귀를 쫑긋 세워 보면 새들의 울음소리는 물론 작은 산새들이 날개 파닥거리는 소리까지 들려온다. '알면 사랑한다'는 얘기가 있다. 멀리서 새를 보면 별 느낌이나 감흥이 없다. 하지만 가까이서 새들을 관찰해 보면 느낌이 달라진다. 새가 얼마나 예쁜지 알게 되고, 사랑스러운 동물이라는 걸 깨닫게 된다. 감동과 사랑이 솟아 나오는 데는 그리 오래 걸리지 않는다.

동물행동학자 최재천 교수님이 한결같이 하는 이야기이다.

노랑할미새가 날벌레를 잡아 둥지에 들어가려 하고 있다. 노랑할미새는 계곡 석축 틈에 둥지를 틀었다.

새들의 이름

목 부분이 붉은색인 붉은목지빠귀. 보기 드문 새이다.

언젠가 누가 "참새가 진짜 새인 거죠?" 하고 물었다. 한자인 '참 진'(眞)자를 떠올리면서 물은 말이다. 그런데 그게 아니다. '작다'라는 뜻의 '좀'을 세게 부르면 '촘'이 되는데, 이 '촘'이 '참'으로 변한 것이다. 작다는 뜻의 '좀'은 식물이나 곤충에도 많이 쓰인다. 예컨대 좀씀바귀, 좀사마귀, 좀잠자리처럼 말이다. 새 이름 가운데 유일하게 '좀'이란 말을 쓰는 예가 있다. 바로 좀도요다. 좀도요는 작은도요와 함께 도요새 가운데 제일 작은 녀석이다. 이처럼 참새는 진짜 새라는 뜻이 아니라 좀도요처럼 작은 새라는 뜻이다.

작다는 뜻으로 쓰는 말이 또 있다. 바로 '쇠'자다. '쇠'자가 붙은 새 이름은 엄청 많다. 무려 서른 종이 넘는다. 좀 알 만한 이름을 대면 이렇다. 쇠기러기, 쇠동고비, 쇠딱따구리, 쇠박새, 쇠백로, 쇠부엉이, 쇠오리 등이다. 쇠기러기가 큰기러기보다 작은 것처럼, 쇠동고비도 동고비보다 좀 작다. 쇠딱따구리는 딱따구리과 중에서, 쇠박새는 박새류 중에서 가장 작은 새를 가리킨다. 쇠백로는 백로과의 대백로나 중대백로보다 작다. 하지만 쇠부엉이는 어찌 된 일인지 솔부엉이보다 훨씬 크고 칡부엉이보다도 약간 크다.

오리과 새이름은 어떻게 지었을까?

30여 종의 오리과 이름은 새 이름 공부 재료다. 황오리는 주황색의 오리라는 뜻이다. 혹부리오리도 쉽다. 혹부리오리 수컷은 번식철이 되면 윗부리의 혹이 커진다. 원앙은 한자 원앙(鴛鴦)이다. 청머리오리나 홍머리오리, 흰뺨검둥오리는 오리의 머리나 뺨의 깃털색으로 이름을 지었다. 알락오리는 좀 다르다. '알락'이란 말을 사전에서 찾아보면 '여러 가지 밝은 빛깔의 점이나 줄 따위 무늬가 고르게 촘촘한 모양'으로 나오는데, 새를 보면 고개가 끄덕여진다. 고방오리의 '고방'은 한자어다. 한마디로 품위 있고 멋있다는 뜻이다. 겨울철새 고방오리 수컷을 보면 초

쇠부엉이는 솔부엉이나 칡부엉이보다도 몸집이 더 크다.

고방오리 수컷의 꼬리깃은 길고 뾰족하다.

콜릿색 머리가 여간 멋있는 게 아니다. 이 오리의 영어이름은 '핀테일'(Pintail)이다. 고방오리 수컷은 자맥질할 때 꼬리깃을 볼 수 있는데, 그게 핀처럼 길고 뾰족하게 생겼다는 데서 붙인 이름이다. 영어에서는 고방오리의 특징을 이름을 통해 알 수 있도록 했다.

넓적부리는 부리가 넓고 큰 오리다. 넓적부리가 붙은 새는 또 있다. 바로 넓적부리도요인데, 부리의 모양은 넓적부리 오리와는 다르다. 영어로는 넓적부리도요가 스푼 모양이라는 뜻의 'Spoon-billed Sandpiper'이다. 넓적부리 오리의 영어 이름은 삽을 뜻하는 'Shoveler'이다. 이처럼 영어 이름이 우리말보다 더 구체적인 모양새를 알려 주는 경우가 많다.

색이나 모양으로 보는 새이름

지빠귀과를 한번 보자. 호랑지빠귀는 갈색의 얼룩무늬가 호랑이와 비슷하다고 해서 붙인 이름이다. 흰배지빠귀와 노랑지빠귀는 '흰배'와 '노랑'으로 구별된다. 흰눈썹지빠귀는 하얀 눈썹이 도드라지고, 검은지빠귀는 머리와 등, 날개가 모두 시커멓다. 대륙검은지빠귀는 온몸이

흰배지빠귀가 생태공원에 내려와 먹이를 먹은 다음 쉬고 있다.

서해 굴업도에 나타난 대륙검은지빠귀. 주로 유라시아에 살고 있는 희귀한 새다.

검은데 부리와 눈테는 노랗다. 유라시아 서부와 중앙아시아에 주로 서식하기 때문에 이름에 '대륙'이 붙었다. 붉은배지빠귀는 배가 붉은색이고, 흰눈썹붉은배지빠귀는 눈썹이 하얗고 배가 붉은 지빠귀다. 붉은목지빠귀는 목 부분이 붉은색이다.

지난 겨울 한강에 나타나 화제를 모았던 꼬까울새. 꼬까옷이나 꼬까신처럼 알록달록 곱게 만든 옷이나 신발을 가리키는 '꼬까'를 붙여 만든 이름이다. '꼬까'를 붙인 새도 꼬까참새, 꼬까도요, 꼬까직박구리가 더 있다.

상모솔새도 특이하다. 상모솔새는 민속놀이에서 쓰는 상모 모양의 노란 깃털이 정수리에 나 있어서 붙인 이름이다. 저어새 역시 주걱 모양의 긴 부리를 좌우로 저어가며 먹이를 잡는다고 해서 지어준 이름이다.

우리 새는 대략 450종 정도로 많다. 그 많은 새를 다 알 수는 없다. 둘레의 새들부터 하나씩 관심을 갖고 관찰해 보면 새들의 소리가 들리고, 새들의 행동과 습성도 눈에 들어온다. 새들의 이름도 둘레 가까이에 있는 새부터 시작하는 게 좋다. 감동이나 행복은 가까이에서 볼 때 솔솔 솟아난다.

꼬까도요도 곱게 만든 신이나 옷을 뜻하는 '꼬까'를 붙여 만든 이름이다.

정수리에 상모를 쓴 것 같은 상모솔새.

제비의 삶

둥지 리모델링 작업 중인 제비 부부. 둥지를 높이 쌓아 올리고 있다.

온 가족이 옹기종기 한 방에 모여 살던 초등학교 시절, 난데없이 집에 공사가 시작되었다. 소 키우던 외양간과 헛간에 방을 만드는 것이었다. 어쩌면 내 방이 생길 수 있겠다는 기대감이 잔뜩 부풀었지만, 그건 꿈이었다. 공사가 끝나자 외양간 방에는 경상도 가족이 들어 왔다. 헛간 방은 전라도 식구들 차지가 되었다. 방은 계속 늘어났어도 우리집이나 셋집이나 흥부네 식구들처럼 방 한 칸에 옹기종기 모여 산 건 똑같았다. 1970년대 지방 사람들이 서울로 올라오던 시절의 풍경이었다.

이제는 보기 힘들어진 새, 제비

지금은 귀해진 몸이라 구경하기도 어렵지만, 서울에서도 농사를 짓던 그 시절 제비는 아주 흔한 여름철새였다. 제비는 하루 종일 진흙을 물어 와 처마 밑에 둥지를 쌓아 올렸다. 보금자리가 완성될라 치면 어느새 알을 품었고, 얼마 뒤엔 새끼들을 키우고 있었다. 제비는 두 차례나 번식했으니, 봄부터 초여름까지 집안에는 제비소리가 그칠 날이 없었다.

그런데 제비집 옆에 또 다른 제비가 얼씬거렸다. 가슴과 배에 세로 줄무늬가 나 있는 귀제비(예전 어른들은 '막마구리'라고 불렀다. 요즘은 거의 구경도 하기 힘들지만, 작년 봄 철원 민통선 마을에서 감격적으로 만났다. 귀제비는 어렸을 때 보던 바로 그 모습 그대로였다)였다. 귀제비는 호리병 모양의 독특한 둥지를 지었는데, 어른들은 빗자루로 진흙을 긁어내기 바빴다. 재수가 없다는 얘기였다. 귀제비의 수난은 우리 집뿐이 아니었다. 이웃들도 무슨 원수라도 만난 듯 귀제비의 호리병 둥지를 허물어 버리기 일쑤였다.

제비는 빠른 속도를 이용해 날아다니는 잠자리를 잘 낚아챈다.

바닷가 식당에 해마다 둥지를 틀다

작년 봄 강원도 탐조길에 고성의 한 바닷가 식당에 들렀다가 제비집을 보게 되었다. 잠시 뒤 식당 안으로 제비가 날아들었다. 제비는 작년에 틀었던 둥지의 리모델링 공사를 하는 중이었다. 둥지 벽을 손가락 높이만큼 더 쌓아 올리고 있었다. 주인의 말에 의하면, 제비는 처음 둥지공사를 할

식당 둥지의 새끼 제비들. 둥지를 떠나기 직전이라 먹이 다툼이 여간 심한 게 아니다.

제비 한 쌍이 해마다 둥지 틀며 살고 있는 강원도의 바닷가 식당.

식당 옆 다른 집 처마 밑에서 태어난 새끼 제비들. 둥지를 떠나기 직전이다.

때 부리에 진흙을 묻혀 양쪽에 밑금을 그었다고 한다. 그 금이 넘어가지 않도록 진흙을 쌓아 올렸음은 물론이다. 이쯤 되면 새가 아니라 건축가 아닌가.

한 가지 재미있는 건 식당 안에 날벌레가 한 마리도 안 보였다는 점이다. 제비들은 하루 일과가 끝나면 식당 안에서 잠만 잔 게 아니었다. 밤새도록 홀 안에 날아다니는 모기, 나방들을 모조리 잡아먹었다. 그뿐 아니다. 식당에 제비가 둥지를 틀고 있다는 소문이 퍼져 뜻하지 않게도 여기저기서 많은 손님들까지 몰려들었다. 제비가 흥부네 집을 부자 만들어 주었다는 옛이야기가 전혀 근거 없는 게 아니었다.

초고속 비행으로 잠자리를 낚는 사냥꾼

지난 해 여름, 충남 서천 유부도로 도요물떼새를 보러 갔을 때의 일이다. 유부도는 시베리아에서 새끼 치던 도요물떼새가 호주나 뉴질랜드로 겨울 나러 가다가 잠시 들르는 섬이다. 갯벌에 있다가 점심 먹으러 동네로 들어서는데 전깃줄에 다닥다닥 제비들이 앉아 있는 게 보였다. 제비들이 그냥 쉬는 줄 알았는데, 그게 아니었다.

제비가 서너 마리씩 무리 지어 물웅덩이 위로 날아갔다. 자세히 보니 제비는 잠자리를 낚아채고 있었다. 그런데 흔히 보는 까치나 박새와 같

식당 입구에서 망을 보고 있는 제비. 새끼들이 둥지를 떠날 때면 황조롱이 같은 맹금류 천적이 잘 나타난다.

은 비행속도가 아니었다. 초고속 비행이었다. 마치 전쟁영화의 전투기 공중전을 보는 것 같았다. 제비는 공중에서 자유자재로 방향을 바꿔 가며 잠자리를 낚아챘다. 전깃줄에 남아 있던 제비들도 잠시 뒤 마치 제비뽑기 하듯 서너 마리씩 이륙해서 임무교대를 했다.

수십 년 세월이 흐르는 동안 경제가 발전되고 삶의 수준도 크게 향상되었지만, 지방 사람들이 도시로 몰려드는 현상은 여전하다. 좀 달라진 게 있다면 예전의 헛간 단칸방이 아파트나 빌라로 바뀌었다는 점이다. 새집으로 말하면 한 나무에 다닥다닥 붙어 있는 백로나 왜가리 공동주택 둥지처럼 겉모양만 달라진 셈이다.

제비의 삶은 예전과 비교해서 별로 바뀌지 않았다. 여전히 사람 사는 집 처마 밑에 둥지를 틀어 새끼를 키워 내고 있으니 말이다. 제비 새끼들은 예전처럼 둥지에서 알콩달콩 살아가는데, 요즘 아이들은 각방 쓰며 부모와 대화 하나 없이 산다. 방은 비좁았어도 어린 시절의 제비 같은 삶이 훨씬 행복하지 않을까.

산새와 물

가뭄이 심한 겨울철, 땅바닥에 물을 부어 놨더니 황여새가 내려앉아 마시고 있다.

새를 보러 숲에 들어갈 때는 비상식량을 꼭 챙겨 간다. 숲에서 이리저리 쏘다니다 보면 자칫 길을 잃을 수도 있기 때문이다. 그런 때를 대비하는 비상식량으로는 가볍고 칼로리 높은 초콜릿이나 육포가 꼽히지만, 가장 중요한 건 역시 물이다. 가뭄이 심한 겨울이나 봄에는 산에 물이 말라 있어 물은 더욱 중요하다.

새들의 체온은 40~42도

새들은 기본적으로 체온이 높은 동물이다. 사람의 체온과는 비교가 되지 않을 정도로 높은 평균 40~42도나 된다. 새들은 따라서 물이 있는 곳에 자주 나타날 수밖에 없다. 숲 속 물웅덩이나 옹달샘이 바로 그런 곳으로, 새를 관찰하기에 더없이 좋다.

　　박새나 곤줄박이처럼 작은 산새들은 하루 10번 이상 목욕하러 나타난다. 새들은 목욕을 하고 깃털을 다듬으면서 곰팡이나 기생충을 없애고 먼지 털어내는 일을 한다. 깃털에 묻은 먼지는 단열이나 방수 효율을 떨어뜨린다. 그뿐만 아니다. 비행에도 나쁜 영향을 미치게 되니 새들에게는 자연스레 목욕문화가 발달해 있다.

　　새들은 물웅덩이에 들어와 기껏해야 10~20초밖에 머물지 않는다. 오목눈이는 3~4초 동안 후딱 목욕하고는 나뭇가지로 올라가 깃털을 말리고 다듬는다. 그런데 잠시 뒤 다시 물에 들어가 목욕하고는 나와서 깃털을 말린다. 왜 한번에 목욕하지 않을까 생각해 보면 역시 목욕할 때의 두려움 때문인 것 같다. 새들은 목욕하고 나서 깃털이 마를 때까지 정상적인 비행이 불가능하다. 목욕할 때 천적이라도 닥치면 꼼짝없이 당할 수밖에 없다. 덩치 큰 어치도 목욕하러 들어가기 전 한참 동안 둘레를 살핀다. 목욕할 때 어치의 댕기깃은 쭉쭉 솟아오르는데, 그건 심하게 경계하고 있다는 뜻이다.

　　산새들은 번식철 둥지 위치를 잡을 때도 대개 물을 고려한다. 호랑지빠귀와 흰배지빠귀, 되지빠귀의 습성 연구에 따르면 지빠귀류 새들은 둥지로부터 50미터 이내에 계류(산골짜기의 시냇물)를 두고 있는 것으

마티 크럼프의 《감춰진 생물들의 치명적 사생활》 38~39쪽에 나온다.

한승우 님의 <한국산 지빠귀 3종의 영소 습성 비교 연구>에 나온다.

깨진 항아리에 물을 부었더니 금방 산새들이 찾아왔다. 사진은 박새.

산기슭의 작은 물웅덩이에서 목욕을 하고 있는 여름철새 숲새.

로 조사되었다. 그건 내가 오랫동안 관찰했던 되지빠귀의 경우도 마찬가지다. 되지빠귀는 둥지 가까이에 계곡이나 물웅덩이가 꼭 있었다. 그만큼 새들의 삶에 물이 중요하다는 의미다.

물이 적은 겨울철을 나는 새들의 지혜

그렇다면 새들은 겨울철에 물 없이 어떻게 지낼 수 있을까? 날씨가 추워지면 계곡이나 물웅덩이, 옹달샘은 모두 꽁꽁 얼어붙는다. 눈이라도 내리는 날이거나 눈이 녹지 않은 채 그대로 있으면 새들은 눈으로라도 갈증을 푼다. 심지어 새들이 얼음물이나 눈 녹은 물에서 목욕하는 것을 볼 수 있다.

몇 년 전 추운 날이었다. 어느 산기슭에 콘크리트 물막이를 설치해 둔 곳이 있는데, 어느 날 물막이 작은 구멍 안에서 박새 한 마리가 푸르르 나오는 게 보였다. 잠시 뒤 곤줄박이가 그곳에 들어가더니 목욕을 하고 나왔다. 물막이 안을 들여다보았다. 세상에나! 영하 10도가 넘는 강추위인데도 그 물막이 안에 놀랍게도 물이 흐르고 있었다. 물론 물의 양

갯지렁이를 물에 씻어 먹는 도요새.

은 보잘 것 없었다. 얼음 밑을 흐르는 물줄기 너비가 고작 2cm밖에 안 되었으니 말이다. 하지만 작은 산새들에게 그 정도의 물은 목욕하고 갈증을 풀기에 충분해 보였다. 물막이는 비밀의 장소가 틀림없었다. 그 물자리는 박새와 쇠박새, 곤줄박이만이 이용하고 있었고 주변에 흔한 직박구리나 어치, 까치들은 그곳을 드나들지 않고 있었다.

지난 겨울 계속 가물어서 집 뒤에 깨진 항아리를 갖다 놓고 자작하게 물을 부어 주었다. 어떻게 알았는지 산새들이 금방 몰려들었다. (작은 새들은 주로 무리 지어 다니기 때문에 물이나 먹이정보가 빠르게 전달되는 것 같다.) 산새들은 항아리에 와서는 물을 마시고 목욕도 하며 재잘거리곤 했는데, 그 어떤 새도 물을 허투루 쓰는 법이 없었다. 평소에 물 귀한 줄 아는 새이기 때문에 가능한 일일 것이다. 어쩌면 사람들이 산새들한테 물쓰기 교육을 배워야 하지 않을까 싶다.

물이 있는 곳에 새가 있다. 빗물을 마시고 있는 비둘기들.

숲 속 물웅덩이는 산새들에게 아주 중요한 역할을 한다.

산새들은 추운 겨울에도 얼지 않는 장소를 찾아내어 이용한다.

사라진 백로마을

하루아침에 쑥대밭으로 변한 백로마을.
살아남은 새끼들이 어미를 찾고 있다.

'우주전쟁'이라는 영화를 보면 어느 날 다리가 셋 달린 괴물이 땅속에서 나온다. 어마어마하게 큰 그 괴물은 닥치는 대로 사람들을 죽이고 도시를 부숴 버린다. 물론 아무런 까닭도 없다. 사람들은 제대로 저항 한 번 못해 보고 잔인하게 떼죽음을 당하고 만다. 영화였으니 망정이지 만일 우리가 외계인한테 진짜 그런 공격을 받았다면 기분이 어땠을까? 상상만 해도 끔찍한 일이다.

우리 새 생태동화 《백로마을이 사라졌어》는 이 사라진 백로마을 이야기를 배경으로 했다.

하루아침에 쑥대밭이 되어버린 고양의 백로마을

경기도 고양시 공릉천 둘레에는 백로 집단번식지, 즉 백로마을이 몇 군데 있다. 그 가운데 쥬쥬동물원 건너편에 1천 마리나 되는 백로와 해오라기, 황로가 사는 숲이 있었다. 바로 그곳에서 이 영화같은 일이 벌어졌다.

몇 년 전 7월이었다. 그 숲 주인이 땅을 팔게 되었다. 땅을 사려는 사람은 그곳에 비닐하우스를 지어 꽃을 키우려 했다. 땅 주인은 나무를 베어 주기로 했다. 숲에는 잣나무와 느티나무, 단풍나무가 빽빽이 들어차 있었고 백로들이 다닥다닥 둥지를 틀고 있었다.

땅 주인은 새벽녘에 인부들을 동원해서 전기톱으로 나무를 베어 버렸다. 나무들이 마구 쓰러지면서 백로 둥지들이 와르르 쏟아져 버렸다. 수백 마리 새끼가 나무에 깔려 죽거나 다쳤다. 둥지 알들도 바닥에 떨어져 나뒹굴었다. 백로들은 공포에 질려 비명을 질러 댔지만 소용없었다. 점심때가 되자 숲의 나무들은 모두 쓰러졌다. 평화롭던 백로마을은 하루아침에 쑥대밭이 되어 버렸다.

더 끔찍한 일은 그때부터 시작되었다. 간신히 살아난 새끼들이 바닥에 뒤섞이니 어미들은 혼란스러워졌다. 자기 새끼가 누구인지 알 수가 없었다. 나무에 있을 때는 둥지 위치와 소리로 새끼들을 알아봤는데, 그 많은 새끼들이 섞여 있으니까 알아보지 못한 것이다. 그저 깃털이 노란 황로(중대백로, 쇠백로와 달리 어미 깃털이 노랗다.) 가족만이 먹이를 나눠 주고 있었다.

나무에 깔려 죽은 백로들이 곳곳에서 발견되었다.

나무에 깔려 비명을 지르고 있는 새끼 백로의 모습이 안타깝다.

백로 새끼들은 아무 어미한테나 다가가서 먹이 달라며 고래고래 소리를 질렀다. 굶주렸기 때문이었다. 하지만 어미들은 차갑게 고개를 돌렸다. 뒤따라 오는 새끼들을 부리로 내리찍어 쫓는 일도 있었다. 남의 새끼를 거두지 않는 건 동물의 타고난 습성이니 어찌할 수 없는 노릇이었다.

새끼 백로에 인식표를 달아주다

며칠 뒤 어린 새끼들은 제대로 먹지도 못한 채 고스란히 장대비까지 맞았다. 사람들은 새끼들을 잡아 수건과 헤어드라이어, 자동차 히터로 깃털을 말려 주었다. 하지만 깃털만 말려 준다고 새끼들을 살려낼 수는 없었다. 열흘쯤 되어 국립생물자원관에서 나와 새끼 백로 45마리에게 인식표 가락지를 달아 주며 훗날을 지켜보기로 했다.

야생동물구조센터와 쥬쥬동물원도 나서서 어린 새끼 수십 마리를 데려가 귀뚜라미를 먹이며 보살폈다. 환경운동연합과 고양시 사람들이 비닐하우스로 임시보호소를 만들고 미꾸라지를 먹였다. 동물병원 수의사 선생님들도 달려와 백로들에게 영양제 주사를 놔 주었지만, 새끼들은 이미 영양 상태가 너무 나빠져 있었다.

9월 중순에 백로마을과 야생동물구조센터에서 보호했던 새끼 수십 마리와 헤어졌다. 아이들은 백로들이 무사히 생존하기를 바라는 편지를

비까지 맞아 완전히 탈진한 어린 백로가 살기 위해 안간힘을 쓰고 있다.

어린 백로들은 사람들이 준 미꾸라지 한 마리라도 더 먹으려고 난리였다.

써서 백로마을 둘레에 걸어 두었다. 사람들은 눈시울을 붉히며 "백로야, 잘 살아라." 하고 외치며 어린 백로들을 날려 보내 주었다.

백로마을을 파괴한 그 자리에는 현재 비닐하우스 몇 동만이 놓여 있다. 입구에는 그 사건을 잊지 말자는 내용을 적어 놓은 팻말만이 덩그러니 서 있다.

아무리 생명의 소중함을 가벼이 여기는 세상이라지만, 살아 있는 생명들이 숨 쉬고 있는 숲에 전기톱을 들이댄 건 여전히 납득이 안 된다. 영화 '우주전쟁'이 떠오르는 까닭이 바로 그 때문이다. 백로마을 사건이 터진 지 몇 년이 흘렀어도 그 기억은 좀체 사그라지지 않는다. 혹시라도 살아남은 가락지 백로가 나타난다면 그 상처가 좀 아물 것 같지만.

굶주린 백로들은 미꾸라지 한 마리도 제대로 삼키지 못했다.

깃털이 노란 황로만이 새끼에게 먹이를 먹여주고 있다.

국립생물자원관에서 가락지를 달아 준 백로들이 여태껏 발견되지 않았다.

백로마을이 어떻게 파괴되었는지 잊지 않기 위해 세운 팻말이다.

연못에서 구한 새끼오리

새끼들에게 먹이찾기와 사냥하기 등을 가르치는 어미 흰뺨검둥오리.

어느 봄날이었다. 분당 영덕여고에서 전화가 왔다. 학교 뒤 연못에 야생 흰뺨검둥오리가 7년째 새끼를 치고 있다는 얘기였다. 연못 가장자리에 솟아 있는 두덩에 오리가 해마다 번식하고 있다는 건 충분히 관심을 둘 만한 일이었다.

어미를 흉내내며 살아가는 방법을 배우는 새끼오리들

연못에 가 보았더니 흰뺨검둥오리 새끼 여덟 마리가 이미 알에서 깨어나 어미를 졸졸졸 따라다니고 있었다. 어미가 뒤뚱뒤뚱 걸으며 연못 가장자리 바닥을 부리로 훑으면 새끼들도 그걸 똑같이 흉내 내며 뒤따랐다. 또 어미가 부리로 풀잎 날벌레를 톡톡 쪼아 먹으면, 새끼들도 폴짝 뛰어올라 부리로 벌레를 잡았다. 새끼들은 어미 오리한테 먹이 찾기와 사냥수업을 받고 있었다. 그건 오리새끼가 살아가는 데 가장 중요한 일 가운데 하나였다.

그런데 어미오리가 새끼들에게 공부만 시키고 있었을까? 아니었다. 이따금 새끼들은 자기들끼리 연잎 위에서 뒹굴며 놀기도 했다. 마치 유치원이나 놀이방 아이들이 천진난만하게 뛰어노는 것처럼. 하지만 새끼들은 추위를 느껴 물에 오래 머무를 수 없었다. 어미는 이따금씩 새끼들을 연못가로 데리고 나왔다.

갑작스런 고양이의 공격과 어미오리의 반격

늦은 오후, 어미와 새끼들이 연못가에 옹기종기 모여 일광욕을 하고 있을 무렵이었다. 갑자기 어미가 고개를 갸우뚱거리더니 연못으로 들어간다. 웬일이지? 아무런 소리도 안 들린다 싶은데 새끼들은 즉시 눈을 뜨고는 어미를 뒤따른다. 한 마리 '퐁', 두 마리 '퐁', 세 마리 '퐁' 하고 새끼들이 물로 뛰어들었다. 그때였다. 풀숲에서 고양이 한 마리가 뛰쳐나왔다. 고양이는 눈 깜짝할 사이에 새끼 한 마리를 낚아채서 사라졌다. 정말 순식간이었다.

어미오리는 쉬고 있을 때도 천적인 고양이가 다가오고 있다는

갓 부화한 흰뺨검둥오리 새끼가 곧 알에서 깨어날 동생들을 기다리고 있다.

새끼들은 어미가 하는 것을 똑같이 흉내 내며 살아가는 법을 배운다.

걸 눈치 챈 모양이었다. 나중에 비디오를 되돌려 보니 놀라운 일이 드러났다. 고양이가 새끼오리를 낚아채는 순간 어미오리는 고양이 얼굴을 날개로 후려치고 있었다. 오리가 고양이를 공격하다니! 그건 새끼를 구하려는 모정의 힘이었다.

어미는 가끔씩 새끼들을 물가로 데리고 올라가 일광욕을 시킨다.

깊은 물을 싫어하는 입양 오리. 연못에서 어미한테 받은 충격이 매우 컸던 모양이다.

흰뺨검둥오리의 알을 부화기에 넣다

이튿날 연못을 다시 찾았다. 그런데 너구리가 연못 둘레에서 기웃거리는 게 아닌가. 새끼들은 다 알을 깨고 나갔는데, 너구리가 웬일이지? 문득 흰뺨검둥오리의 갈대둥지가 궁금해졌다. 고무보트를 타고 둥지까지 갔다. 갈대를 젖혀 보니 이런, 둥지 안에 부화되지 않은 알이 세 개나 있었다. 알은 알껍데기와 뒤섞여 식어 있는 상태였다. 그건 어미가 품지 않는다는 뜻이다. 어미는 알 세 개에서 더 이상의 반응이 없자, 깨어난 새끼들만 데리고 둥지를 떠난 것이었다. 알을 가지고 나와 학교 과학실에 있는 인공부화기에 넣고 전원 스위치를 켰다. 새끼가 깨어나면 연락해 달라는 부탁을 남기고 학교를 나왔다. 과연 새끼들은 알에서 깨어날까?

일주일 만이었다. 학교에서 전화가 왔다. 흥분한 목소리였다. 놀랍고 반가운 소식이었다. 새끼 한 마리가 알에서 깨어났다는 얘기다. 학교로 달려갔다. 부화기 안에는 달걀 무게 반밖에 안 되는 흰뺨검둥오리

새끼가 두리번거리고 있었다. "삐비 삐비" 소리를 내며. 엄마를 찾는 게 분명했다. 그건 본능이었다. 손을 내밀었더니 부리로 콕콕콕 쪼아댄다. 나를 어미오리로 여기는 듯싶었다.

새끼를 몰라보는 어미오리

새끼 깃털이 마를 때까지 기다렸다가 선생님들과 함께 연못에 갔다. 새끼에게 어미 목소리라도 들려주고 싶었다. 새끼는 작은 상자 안에서 "삐비 삐비"하며 계속 울어댔다. 마치 "엄마, 엄마!" 하고 부르는 소리 같았다. 그 소리는 바로 옆에서도 들릴락 말락 했다. 그런데 연못에서 "꽥꽥 꽥꽥!" 하고 어미오리가 소리쳤다. 어미는 새끼의 그 작은 소리를 멀리서도 들은 모양이었다. 낯선 소리가 들려오니까 바짝 경계하기 시작한 것이다.

상자에 있던 새끼오리도 긴장했다. 꽥꽥거리는 소리를 듣고 흥분하기 시작했다. 새끼는 작은 상자 안에서 몸부림쳤다. 순식간에 상자가 넘어졌다. 그때였다. 어린 새끼는 뒤도 돌아보지 않고 연못에 뛰어들었다. "퐁!"하고 뛰어든 새끼오리는 "삐비 삐비" 울어대면서 헤엄을 치며

흰뺨검둥오리 새끼들이 연잎에 떨어진 말벌과 나비를 먹고 있다.

앞으로 나아갔다. 그건 누가 봐도 엄마를 부르는 소리였다.

상황이 긴박하게 돌아갔다. 연못이 깊으니 이제 도와줄 수도 없었다. 어미오리 표정이 더욱 험악해지는 듯싶었다. 어미오리는 쏜살같이 헤엄쳐 왔다. "퍽퍽!" 하고 어미는 그 큰 부리로 새끼오리를 마구 내리찍었다. "어푸 어푸!" 새끼오리는 살려 달라고 애원했다. 하지만 아무 소용 없었다. 새끼는 허락 없이 오리 영역에 들어온 한낱 적이었으니까. 어미는 새끼를 전혀 알아보지 못했다.

깜짝 놀란 내가 "떽!" 하고 소리쳤다. 그대로 내버려 뒀다가는 새끼오리가 죽을 것 같았다. 어미오리는 깜짝 놀라 공격을 멈추고는 새끼들을 데리고 연못 한쪽으로 물러섰다.

새끼오리는 어떻게 되었을까? 새끼는 어미가 물러선 사이 연못을 빠져나왔다. 그것도 잠수를 해서! 정말 놀라운 일이었다. 그 어린 오리가 잠수를 해서 탈출하다니!

어미가 외면한 새끼오리를 입양하다

새끼는 연못가에 엎어져 있었다. 조금도 움직이지 않았다. 죽은 줄만 알았다. 새끼를 손바닥에 올려놨다. 오, 그런데 잠시 뒤 녀석이 움직였다. "삐비 삐비" 소리도 내면서. 만세가 절로 나왔다.

"아무래도 권 작가님이 새끼오리를 입양해 주셔야겠어요."

옆에 있던 학교 이사장님이 한마디 하셨다. 엄마오리가 버렸으니 누구든 맡아 줘야 할 판이었다. 그냥 연못가에 내버려 두었다가는 어미오리한테 죽든, 고양이나 족제비한테 죽든, 살아갈 수 없는 건 뻔한 일이었다.

"네. 그러죠."

나는 새끼오리를 상자에 넣고 뚜벅뚜벅 집으로 향했다. 아파트 6층에서 과연 잘 키울 수 있을까? 걱정이 밀려왔다.

흰뺨검둥오리 수컷은 어디로 간 걸까?

흰뺨검둥오리가 학교 연못에서 알을 품고 있을 때 다른 흰뺨검둥오리 부부가 들이닥친 걸 보았다. 아마 뒤늦게 둥지 틀 자리를 찾으러 온 것 같았다. 이미 알을 품고 있던 오리로서는 그 오리들이 반가울 리 없다. 알 품던 오리가 소리를 지르며 뛰쳐나와 한바탕 싸움이 붙었다. 1대 2의 불리한 상황에서도 알 품던 오리가 승리했다. 그 곳을 빼앗기면 모든 걸 다 잃어버린다는 절박함 때문인 듯 보였다.

그런데 수컷은 어디 갔을까? 수컷이라도 곁에 있었으면 그런 방해꾼들을 미리 막아 주었을 텐데 말이다.

흰뺨검둥오리나 청둥오리 같은 오리들은 부부가 짝을 이뤄 살다가, 암컷이 알을 낳고 나면 수컷이 떠난다. 그러니까 흰뺨검둥오리 암컷은 한 달 가까이 알을 품고 새끼들이 깨어난 뒤 자랄 때까지 혼자 그 많은 일을 감당하며 살아가는 셈이다. (이건 남녀평등의 관점에서 보면 문제가 심각하다.)

내가 궁금한 건 알 품는 동안 암컷은 어떻게 먹고 살까 하는 점이었다. 그간 흰뺨검둥오리가 알 품는 걸 여러 차례 보았어도 둥지를 비우는 것은 한번도 보지 못했기 때문이다.

어느 날, 하루 종일 암컷 오리를 관찰해 보기로 작정했다. 연못가에 위장막을 치고 들어가 지켜보았다. 오후 늦게까지 꼼짝 않고 알을 품던 암컷은 놀랍게도 해질 무렵에 슬며시 일어섰다. 암컷은 이끼로 알을 덮고는 둥지에서 나와 '이곳은 나랑 상관없어.' 하는 듯 몇 분 동안 연못을 돌아다녔다. 그러다 갑자기 날아올라 먹이터인 탄천 쪽으로 날아갔다. 암컷 오리는 30분이 지나서야 연못에 되돌아왔다. 먹이를 찾아 먹고 온 게 틀림없었다. 어미는 사방을 두리번거리더니 둥지로 슬쩍 들어가 알을 품기 시작했다.

암컷은 연못가에 아무도 드나들지 않는 저녁까지 기다렸다가 개천으로 날아가 먹이를 먹고 돌아왔던 것이었다. 암컷 오리의 삶이 사람 만큼이나 힘겹게 보였다.

《미의 기원》(Der Ursprung der Schoenheit) 40쪽에 나온다. 청둥오리를 비롯한 오리 종들은 수컷이 부화에 관여하지 않는다는 내용이다.
수컷들의 알록달록한 깃털이 외부에 너무 쉽게 노출되기 때문에, 암컷이 알을 품을 때 되레 방해가 된다는 것이다. 수컷의 깃털이 화려하고 눈에 잘 띄는 청둥오리한테는 적절하지만, 내가 관찰한 흰뺨검둥오리는 암수가 거의 구별되지 않을 뿐 아니라, 깃털의 보호색이 뛰어나서 청둥오리의 경우와는 다르다. 하여튼 오리와는 달리, 고니와 거위는 부부가 함께 새끼를 돌본다. (47쪽)

삑삑이와 살았던 240일

산기슭 물웅덩이 둘레에서 놀고 온 삑삑이 몸을 따뜻하게 해 주고 있다.

학교에서 데려온 흰뺨검둥오리와 아파트 생활을 시작했다. 집오리도 아닌 야생 오리이니 여간 부담스러운 게 아니었다. 마당이 있는 주택도 아니고, 아파트 6층에서 야생 오리를 키워야 하는 상황이니 이런저런 걱정이 앞설 수밖에 없었다. 그저 잘 키워서 자연으로 돌려보내야겠다는 생각밖에 없었다.

한 가족이 된 삑삑이

새끼오리에게 '삑삑이'란 이름부터 지어 주었다. 베란다에 집도 마련해 주었다. 삑삑이는 거실 문을 열어 놓으면 베란다에서 나와 우리 식구들이랑 자연스럽게 어울렸다. 아파트에 온 뒤 처음 한 달 동안 삑삑이는 나뿐만 아니라 우리 식구 모두를 좋아해서 아무나 졸졸졸 따라 다녔다.

삑삑이는 밤을 아주 싫어했다. 베란다 집에 혼자 들어가야 했기 때문이다. 베란다에 안 들어가려고 날개를 파닥거리며 떼쓰기 일쑤였다. 그런데 막상 베란다 불을 끄고 나면 조용했다. 낮에는 "삐삐삐" 거리며 왔다 갔다 하거나 베란다 창밖을 물끄러미 내다보기도 했지만, 밤이 되면 아무런 소리도 내지 않았다. 한쪽 눈을 떴다, 감았다만 되풀이할 뿐 몸은 완전 '얼음 땡'이었다.

삑삑이가 좋아한 건 외출이었다. 밖에 나가면 콧노래를 하는 것처럼 "삐삐삐삐" 소리를 내며 걸어 다녔다. 한 눈에 봐도 기분 좋은 상태란 걸 느낄 수 있었다.

밭고랑에서 소금쟁이 사냥을 하고 있는 삑삑이.

아파트 앞 산기슭에는 물웅덩이가 하나 있었다. 삑삑이는 물갈퀴가 있어서 수영을 제법 잘하는 데도 물에 들어가려 하지 않았다. 몇 번이나 물에 밀어 넣을 때마다 잔뜩 겁먹은 채 허겁지겁 물 밖으로 뛰쳐나왔다. 왜 그랬을까? 알에서 깨어난 첫날 어미한테 공격을 받은 끔찍한 기억이 아물지 않은 듯 싶었다. 그렇다고 삑삑이가 아예 물을 거부하는 건 아니었고, 밭고

자갈돌을 따뜻하게 달궈 물놀이 마친 삑삑이가 깃털을 말리도록 해 주었다.

랑에 괸 얕은 물에서 소금쟁이를 사냥하며 노는 건 엄청 좋아했다.

어느 날, 우리 식구 누구나 잘 따르던 삑삑이의 태도가 바뀌었다. 삑삑이는 나만 따라다니기 시작했다. 나만을 자신의 어미로 받아들인 것

비행을 마친 삑삑이가 학교 운동장에 착륙하고 있다.

비행을 마친 뒤 내게 칭찬해 달라는 듯 달려드는 삑삑이.

삑삑이는 부리 만져주는 건 싫지 않은 표정이다.

같았다. 다른 식구들이 다가가면 슬금슬금 피하기까지 했다. 그때 식구들이 느꼈던 서운함이란 이루 말할 수 없었다. 매일 먹이를 주고 똥을 치워 주던 아내는 배신감마저 느낀다고 했다.

집을 벗어나 비행을 시작하다

한 달 반쯤 되자 삑삑이 날개가 다 자랐다. 어느 날 산기슭 물웅덩이에서 삑삑이를 날려 주었다. 첫 비행에서는 10여 미터밖에 날지 못했다. 그런데 두 번째 날려 주었을 때는 산 아래 쪽으로 무려 100미터나 날아갔다. 삑삑이는 이미 비행능력을 갖추고 있었다. 헉헉거리며 산 아래로 뛰어내려 가 보니 삑삑이가 길 한복판에 딱 버티고 서 있었다. 야생 오리가 길 한가운데에 서 있으니 버스, 택시기사 모두 창문을 열고 신기한 듯 쳐다보느라 교통이 마비상태였다.

삑삑이가 날기 시작하면서 산책 코스를 아파트 바로 옆 학교 운동장으로 바꾸었다. 삑삑이는 뒤뚱뒤뚱 걷다가도 막상 운동장에 도착하면 "꽤꽥!" 소리와 함께 곧바로 날아올랐다. 매일 학교에서 산꼭대기까지 몇 바퀴를 힘차게 날아다녔다. 삑삑이는 보통 5분 정도 비행했는데, 운동장에 내려앉으면 "삑삑삑삑"거리며 내게 다가왔다. 그건 '나, 정말 잘 했지?' 하며 칭찬해 달라는 뜻 같았다. 그럼 나는 "삑삑아, 정말 대단했어." 하며 부리를 어루만져 주었다. 삑삑이는 몸의 깃털 만지는 건 싫어했지만, 부리 만져주는 건 꽤나 좋아했다. 오리 부리는 엄청 따뜻하고(아니, 뜨겁다는 게 더 맞는 표현이다.) 아주 예민한 감각을 지닌 것 같았다.

삑삑이가 비행을 시작하면서 예기치 않은 문제가 생겼다. 삑삑이가 시도 때도 없이 집에서도 퍼드덕거리며 날아오르는 것이었다. 책꽂이 위에도 내려앉고, 화장실 욕조에도 첨벙! 하고 빠지기 일쑤였다. 어느 날 부엌에서 곰탕을 끓이고 있는데, 삑삑이가 가스레인지 쪽으로 날아갔다. "안 돼, 삑삑아!" 하고 소리를 질러 삑삑

삑삑이에게 10일 잔치를 해주었다. 삑삑이가 케이크 앞에 앉아 있다.

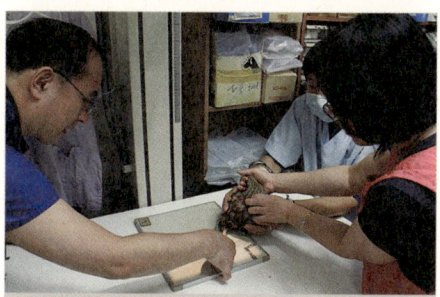

다리를 다쳐 동물병원에서 엑스레이를 촬영 중인 삑삑이.

삑삑이가 아이들과 학교 운동장을 누비고 있다.

이한테 큰 사고는 벌어지지 않았다. (학교나 도서관 강연 때 아이들은 이 대목에서 가장 열광한다.) 결국 삑삑이는 딱딱한 집바닥에 자주 착륙했기 때문에 다리뼈에 실금이 갔다.

240일 동안의 소중한 추억

삑삑이랑 살면서 가장 놀라웠던 건 '대답하기'였다. 한번은 안방에서 베란다에 있던 삑삑이를 불렀는데, "삐익!" 하고 대답하는 게 아닌가. 또 한번 "삑삑아!" 하고 이름을 불렀더니, "삐익!" 하고 대답했다. 야생 오리가 대답한다는 건 그야말로 '세상에 이런 일이'였다.

가을 어느 날, 삑삑이가 태어난 학교의 이사장님으로부터 시범비행 초대를 받았다. 삑삑이가 운동장에 도착했을 때 전교생이 운동장에 모여 있었다. 새장에서 나온 삑삑이는 좀 낯설다는 듯 사방을 살펴보더니 곧바로 날아올랐다. "퍼드덕!" 하고 날자 학생들은 박수를 치며 난리였다. 그런데 삑삑이는 산 너머로 사라지더니 돌아오지 않았다. 두어 시간을 기다리다가 집에 돌아와 보니 삑삑이는 아파트 후문 한가운데 서서 나를 기다리고 있었다. 삑삑이는 반갑다는 듯 꽥꽥거리며 내 바지를 물어뜯었다.

이듬해 3월이었다. 삑삑이를 데리고 산 너머 저수지로 갔다. 여느 때는 새장에서 나오면 곧바로 날아올라 공원까지 몇 바퀴를 돌고 내려앉았는데, 그날은 달랐다. 삑삑이는 새장에서 나오지 않았다. "삑삑아, 오늘 왜 그래?" 하며 다가서자, 삑삑이가 나를 보며 "꽥꽥꽥꽥꽥꽥꽥" 하며 30초도 넘게 울어대는 것이었다. 그리고는 "퍼드덕" 하며 힘차게 날아올라 탄천 쪽으로 사라졌다.

삑삑이는 그날 이후 다시는 돌아오지 않았다. 아파트로 온 지 240일 만이었다. 새장에서 울어댄 건 삑삑이의 작별인사였다. 그때는 몰랐지만 그건 "엄마, 나 이제 떠날래." 하는 마지막 인사였던 것이다. 그것도 모르고 삑삑이를 그냥 보낸 꼴이 되었으니, 지금까지 두고두고 미안할 뿐이다.

열한 번이나 나를 찾아온 삑삑이

몇 달이 지났을 때 삑삑이를 자연으로 돌려보내려는 계획을 추진했다. 우선 삑삑이 눈을 가리고 차에 태워 산 너머 저수지로 넘어갔다. 돌아오지 못하게 하려는 목적이었다. "삑삑아, 잘 가!" 하고는 하늘 높이 날려주었다. 그날 삑삑이는 돌아오지 않았다. 삑삑이가 떠났구나 생각하니 눈물이 왈칵 쏟아졌다.

이튿날 아파트 경비원 아저씨가 인터폰 연락을 했다. 삑삑이는 경비실 상자 안에 들어가 있었다. 삑삑이는 전날 아파트로 돌아왔던 것이다. 밤새 아파트 둘레를 돌아다니다가 삑삑이란 걸 알아챈 경비원 아저씨가 잡아다 상자에 가둬 두었다. 나를 본 삑삑이는 반가워서 어쩔 줄 모르며 내 손등을 마구 물어뜯었다. 그건 기분 좋다는 뜻이었다.

© 권지우
삑삑이 캐릭터

자연으로 돌려보내려는 계획은 완전히 실패했다. 무려 열한 번이나 삑삑이를 날려 주었지만 삑삑이는 정확히 아파트를 찾아왔다. 분당지역에 그 많은 아파트가 빽빽이 들어차 있고, 저수지에서 아파트로 오려면 산이 가로막혀 있어 적어도 150미터 이상 높이 날아올라야 하는 데도 말이다.

아파트로 돌아와서 삑삑이는 후문에 서 있기도 하고, 놀이터 입구에 서서 두리번거리기도 했다. 어느 날은 학교 운동장 한복판에서 기다리기도 했고, 아파트 옆 개울에 있기도 했다. 삑삑이가 내려앉은 곳은 모두 나와 함께 있었던 장소였다. 그곳에 있으면 나를 만날 수 있다고 판단한 것 같았다.

한번은 삑삑이가 아파트 비상계단을 타고 오르는 걸 이웃이 발견해서 알려 주기도 했다. 삑삑이 몸집이 커 가면서 엘리베이터를 타지 않고 비상계단을 이용했는데, 삑삑이가 그걸 기억하고는 계단으로 오른 것이었다. 만일 이웃이 일찍 발견하지 못했더라면 삑삑이는 6층을 지나(이것도 혹시 모른다. 삑삑이가 6층을 알아볼 수 있는지 말이다. 워낙 똑똑하다 보니 별 얘기를 다 한다.) 무려 15층까지 계속 올라갔을 일이다. 분명한 것은 삑삑이 머리에 마치 내비게이션 장치가 들어 있는 것 같다는 점이다. 삑삑이는 단 한번도 아파트로 돌아오는 길을 까먹지 않았다.

시화호 뿔논병아리도 비슷한 경우가 아닐까?
재작년에 떠내려 온 둥지에서 새끼를 친 부부가
시화호 길옆 집단둥지를 주도한 건 아닐까?
분명한 건 지금까지 단 한 번도 뿔논병아리들이
사람들 가까이 와서 둥지를 치지 않았다는 점이다.

〈떠내려 온 둥지〉 중에서

새들의 힘겨운 나날

새들의 힘겨운 나날
길 잃은 새들
새들의 죽음
속임수의 달인
떠내려 온 둥지
비상식량을 남기는 지혜
가락지와 날개 표지

2장

새들의 힘겨운 나날

알을 품고 있는 꼬마물떼새. 암수가 교대로 품는다.

　작년 3월, EBS <하나뿐인 지구> 제작팀에서 연락이 왔다. 생태동화 작가의 눈으로 본 새를 주제로 자연 다큐멘터리 한 편을 제작하고 싶다는 것이었다. 방송사에서 말하는 짧은 제작기간으로는 새 이야기를 풀어가기 어렵다고 했더니, 50일가량의 촬영기간을 잡아 주었다.

꼬마물떼새와 보낸 4월
　우리는 산새와 물새, 두 종류의 새를 촬영하기로 했다. 산새와 물새는 서식 여건이 달라 시청자들이 서로 비교해 보면서 새를 이해하면 좋을 듯싶었다. 산새로는 여름철새인 되지빠귀를, 물새로는 역시 여름철새인 꼬마물떼새로 골랐다. 모두 어렵잖게 관찰할 수 있는 새들이었다.

4월 하순 탄천 물막이 보 아래에서 꼬마물떼새 알을 발견했다. 알은 두 개였다. 보통 하루 한 개씩 알을 낳으니까 산란 이틀째인 셈이다.(꼬마물떼새는 보통 4개의 알을 낳는다.) 그런데 꼬마물떼새가 둥지에 나타나지 않았다. 몰래카메라로 몇 시간 촬영했지만 도통 보이지 않았다. 그 부근에서 꼬마물떼새들이 돌아다니고 있는데도 말이다. 알은 여전히 식은 채로 있었다. 꼬마물떼새는 알을 품지도, 더 낳지도 않았다. 산책객이나 봄나물 캐는 사람들이 그곳을 자주 들락거렸기 때문에 신경이 쓰인 꼬마물떼새가 둥지를 포기한 게 아닐까 결론을 내렸다.

며칠 뒤 촬영팀과 위장막에 들어가 있다가 뜻밖에 행운을 만났다. 꼬마물떼새가 짝짓는 장면을 포착한 것이다. 꼬마물떼새는 암수가 함께 붙어 다니다가 좀 한적한 곳에서 멈춰 섰다. 옆에 있던 수컷이 하얀 가슴깃털을 부풀렸다. 마치 하얀색 타원이 동동 떠다니는 것 같았다. 짝짓기를 원한다는 수컷의 의사표시였다. 수컷은 몸을 곧추 세운 채 구애춤을 추었다. 곧 암컷이 자세를 낮추자 짝짓기가 시작되었다. 새들의 짝짓기가 암컷에게 달려 있다는 걸 보여주는 장면이었다.

꼬마물떼새의 짝짓기 구애춤.

꼬마물떼새가 짝짓기를 하고 있다.

경기도 광주 오산천에 가 보았다. 그곳은 100~200미터마다 꼬마물떼새가 짝을 이뤄 살고 있는 곳이다. 꼬마물떼새 울음소리가 들려왔다. 그건 알 품을 때 암수끼리 주고받는 신호였다. 잠시 뒤 긴박한 울음소리가 들려왔다.

제7회 한국도요물떼새네트워크 워크숍 자료(2013년) 중에서 전남대학교 김인철 님의 '흰목물떼새의 생태와 환경'에 나온다. 이 조사에 따르면 흰목물떼새는 평균 포란일이 27.79일이나 된다.

위장막을 치고 자갈밭을 내려다보았다. 우리 눈에 띈 건 텃새 흰목물떼새였다. 녀석은 꼬마물떼새보다 훨씬 큰 녀석으로, 이곳저곳 자리를 옮기면서 알 품는 시늉을 했다. 흰목물떼새가 또 다시 알을 품는 포란 자세를 잡으려는 순간이었다. 어디선가 꼬마물떼새 한 쌍이 뛰쳐나와 흰목물떼새를 덮쳤다. 흰목물떼새는 꽁지 빠져라 도망을 쳤다. "여기가 어디라고, 감히!" 하는 듯 꼬마물떼새 부부는 씩씩거리더니, 화를 삭이지 못한 듯 20여 미터나 더 뒤쫓아 갔다.

자갈밭에 평화가 찾아왔다. 꼬마물떼새 부부는 다시 알을 품었다. (꼬마물떼새는 암수 교대로 알을 품는다.)

가만 보고 있으니 꼬마물떼새가 흰목물떼새와 싸운 이유가 드러났다. 꼬마물떼새 부부는 그곳에 먼저 와서 알을 낳았다. 뒤늦게 둥지를 찾던 흰목물떼새 부부는 그 자갈밭이 마음에 든 모양이었다. 꼬마물떼새로서는 흰목물떼새와 영역을 나눠야 하는데, 새끼 네 마리를 키우려면 자갈밭을 누구에게도 양보할 수 없었던 것이다.

꼬마물떼새 둥지 앞에 몰래카메라를 설치하고 있는 필자.

자갈밭의 꼬마물떼새 알. 바닥에는 잔 자갈을 깔아두었다.

부화 첫날의 흰목물떼새 새끼. 유일하게 살아남았다.

오산천에서 가장 힘겹게 살아야 했던 텃새 흰목물떼새.

힘겹게 살아가는 되지빠귀의 삶

5월이 되면서 분당 영장산 기슭을 찾았다. 그곳은 되지빠귀의 번식지로, 해마다 서너 쌍 정도가 둥지를 트는 곳이다. 웬일인지 되지빠귀 둥지가 보이지 않았다. 되지빠귀가 좋아하는 떨기나무 덤불을 사나흘 뒤졌지만 모두 허탕이었다. 촬영일정에 먹구름이 끼기 시작했다.

어느 날 또 다시 영장산에 올랐다. 오! 어디선가 되지빠귀 노랫소리가 들려왔다. "찌르찌르찌르 쪼쪼쪼쪼쪼 찌." 하는 노랫소리가 쩌렁쩌렁 울렸다. 가끔 멧도요가 나타나는 언덕으로 가 보았다. 그때였다. 어디선가 주황색 새가 나는 게 보였다. 수컷이었다. 되지빠귀 수컷은 얼른 나무 이파리 뒤로 숨어 버렸다. 망을 보는 것 같았다. 그렇다면 암컷은 어디선가 알을 품는다는 뜻이었다.

되지빠귀 부부는 어린 참나무에 둥지를 틀었다. 높이도 1미터밖에 안 되었다. 제작팀은 바빠지기 시작했다. 본격적인 촬영에 들어갔다. 되지빠귀 암컷은 둥지에서 꼼짝도 하지 않았고(암컷이 알을 품는 동안 수컷이 지렁이나 애벌레를 잡아와 먹여 준다. 그렇게 함으로써 알 품는 기간

우리 새 생태동화 《둠벙마을 되지빠귀 아이들》 23쪽에 나온다. 사실 새 노랫소리를 적어내기란 쉽지 않다. 이것은 되지빠귀의 긴 노랫소리 가운데 한 대목이다.

작은 애벌레를 물어 온 되지빠귀 암컷.

을 조금이라도 줄인다.) 수컷은 몰래 숨어서 사방을 지켜보았다.

그날 오후 갑자기 어치가 나타났다. 어치는 숲속의 폭군이다. 새알을 훔쳐 먹고 새끼도 잡아먹는다. 어치가 둥지나무까지 날아왔다. 알을 노린 게 분명했다. 아주 긴박한 순간이었다. 순식간이었다. "퍽!" 하고 수컷이 날아와 어치에게 한방 먹였다. 어치가 정신을 차리려는 순간 되지빠귀의 두 번째 펀치가 날아왔다. 덩치 큰 어치가 되지빠귀한테 톡톡히 당하고 말았다. 어치는 그 뒤 다시는 얼씬거리지 않았다.

며칠 뒤 새끼 한 마리가 알에서 깨어났다. 다른 새끼들도 별 문제 없이 알에서 나왔다. 되지빠귀 부부는 먹이사냥을 해 왔다. 새끼들이 어려서인지 주로 작은 애벌레를 잡아 왔다. 되지빠귀 부부는 둥지로 들어갈 때 바닥에서 딴청을 부리는 척하다가 둥지로 폴짝 뛰어올랐다. 천적한테 둥지 위치를 들키지 않으려는 행동이었다.

이튿날 비상상황이 벌어졌다. 근처에 누룩뱀이 나타난 것이다. 뱀은 새끼들 냄새를 맡고 나타난 듯 보였다. 나무 밑동에 있던 뱀은 슬금슬금 나무 위로 기어 올라갔다. 둥지나무 아닌 게 천만다행이었다. 만일 둥지나무로 올라갔다면 새끼들은 꼼짝없이 먹잇감이 되었을 일이다.

다시 만난 꼬마물떼새

제작팀과 다시 오산천을 찾았다. 꼬마물떼새 새끼들은 그새 알에서 깨어나 돌아다녔다. 새끼들은 알에서 나오자마자 어미를 따라다니면서 먹이를 찾아 먹는다. 그러다 사람이나 개가 나타나면 어미가 "삐이익 삐이익!" 하며 큰 소리로 신호를 보냈다. 그러면 새끼들은 바닥에 바싹 엎드렸다. 새끼들은 어미가 "삐 삐 삐요." 하고 낮은 소리로 신호를 보내지 않으면 절대 움직이는 법이 없었다. 그건 예외가 없었다. 천적에 대처하는 꼬마물떼새 어미의 교육은 무섭고 냉정했다.

되지빠귀를 촬영하는 EBS 촬영팀. 옆이 필자이다.

되지빠귀 새끼 두 마리가 알에서 막 깨어났다.

되지빠귀 둥지나무 바로 옆에 나타난 누룩뱀.

꼬마물떼새가 새끼를 키우는 곳에서 200미터 정도 하류 쪽으로 내려가 보았다. 그곳에 흰목물떼새가 알을 낳고 있었다. (흰목물떼새도 대개 알을 4개 낳는다.) 꼬마물떼새한테 혼났던 부부가 틀림없었다. 둥지에는 알 하나가 있었다. 이튿날 이른 아침부터 촬영감독님은 카메라를 둥지에 완전 고정해 놨다. 알 낳는 장면을 포착하기 위해

오산천 상공에 자주 나타나는 맹금류 새호리기.

서였다. 늦은 오후, 개천 건너에 있는데 촬영팀이 손을 흔들었다. 기어이 흰목물떼새 산란 장면을 촬영한 것이다. 특종이었다.

흰목물떼새는 힘겨운 나날을 보내야 했다. 이미 6월이 되었고 햇볕이 강한 날에는 30도까지 올라갔다. 햇볕이 강한 날 어미는 알을 품어 주지 않았다. 뜨거워진 알을 식히느라 알 위에 서서 그늘을 만들어 주어야 했다.

결과는 참혹했다. 흰목물떼새 알 네 개 가운데 두 마리만 깨어났다. 한 마리는 그마저도 상태가 안 좋았는지 하루 만에 죽었다. 끝까지 살아난 건 단 한 마리뿐이었다. 늦게 둥지터를 잡은 게 화근이었던 것 같다. 번식이 늦어지는 바람에 여름이 닥쳤고, 뜨거운 날씨 때문에 흰목물떼새는 제대로 포란을 못했던 것이다. (멀리 사람이 지나가도 둥지에서 나올 만큼 성격이 예민한 것도 부화가 늦어진 원인으로 보인다.)

환경에 잘 적응해야 살아남는다

되지빠귀와 꼬마물떼새, 흰목물떼새를 무려 50여 일 동안 촬영해서 <우리가 모르는 새 이야기>라는 제목으로 방송을 내보냈다. 이 오랜

기간의 촬영에서 얻은 게 많았다. 무엇보다 새들의 습성과 그들이 겪는 삶의 애환을 다양하게 관찰할 수 있었다. 꼬마물떼새는 여러 쌍을 촬영했는데, 그 가운데는 자갈밭에 물이 넘쳐 알이 떠내려가는 사례도 목격했다. 되지빠귀는 몰래카메라를 집중적으로 설치해서 알 품기와 새끼 키울 때의 암수 행동까지 일일이 관찰했다. 물가에 알 낳는 물떼새들이 우리나라에 일찍 날아와서 번식기를 당기는 까닭이 있었다. 조금만 늦어지면 흰목물떼새처럼 그 대가를 톡톡히 치러야 하기 때문이었다.

새들은 우리가 상상하는 것보다 훨씬 힘겹게 살아가고 있었다. 영역 싸움은 치열했다. 천적과의 싸움도 끝이 없었다. 그걸로 끝이 아니다. 냉엄한 자연과도 싸워 이겨야 한다. 어쩌면 "자연에서는 강하고 잘난 자가 살아남는 게 아니라, 환경에 적응 잘한 자가 살아남는다."는 최재천 교수님의 이야기가 가장 적절할지 모른다.

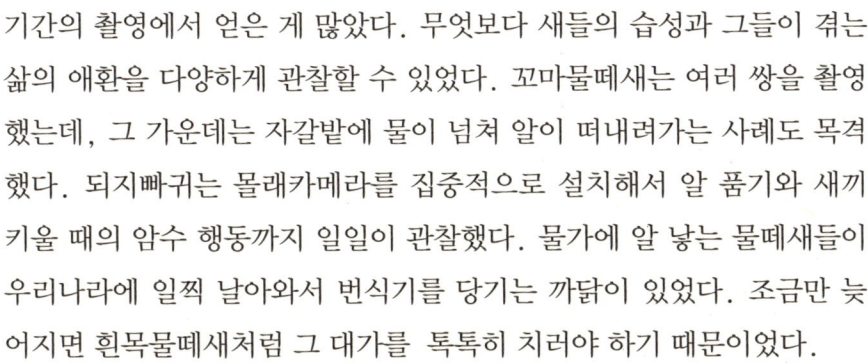

꼬마물떼새와 흰목물떼새가 한판 붙었던 오산천. 평화로운 풍경으로만 보인다.

길 잃은 새들

덤불 속에 있다가 노박덩굴 열매를 먹으러 나온 꼬까울새.

새를 관찰하면서 흥분하는 경우가 있다. 바로 길 잃은 새, 즉 미조를 보았을 때다. 하늘을 나는 새들은 지상과는 다른 환경에서 산다. 이동을 하다가 기류를 잘못 타고 올 수도 있고, 기후 변화로 인해서 서식지가 넓어졌을 가능성도 있다.

한겨레신문에 강재형 아나운서가 쓰는 '말글살이' 칼럼에 새 이름 짓는 법이 나온다.

반가운 꼬까울새의 등장

지난 겨울 한강시민공원에 꼬까울새가 나타났다는 소식이 날아왔다. 꼬까울새는 우리나라에서 지난 2006년 서해 홍도에서 처음 발견된 기록이 있는 새다. 그 뒤 한 번 더 모습을 드러냈으니, 이번이 세 번째인 셈이다.

눈 온 날의 꼬까울새. 화려한 깃털 때문에 금방 눈에 띈다.

꼬까울새의 출현은 아주 흥미롭다. 꼬까울새는 유럽지역의 대표적인 새이기 때문이다. 그렇다면 유럽에서 우리나라까지 날아왔다는 것인데, 그저 신기한 일이 아닐 수 없다. 더구나 뭍에서는 처음 발견되었다니 여간 반가운 게 아니었다.

현장에 도착하니 꼬까울새가 금방 모습을 나타냈다. 멱과 가슴에 오렌지빛이 도드라져서 멀리서도 알아볼 수 있을 정도였다. 꼬까울새는 길이가 14cm밖에 안 되는 작고 앙증맞은 녀석이었다. 녀석은 산책로 옆 덤불 속에 숨어 있다가 주요 먹이인 노박덩굴 열매를 먹으러 나온다. 생태사진을 찍는 사람들이 와서 노박덩굴 열매를 따서 바닥에 놔뒀더니, 덤불 속에서 나와 쪼아 먹고 얼른 들어간다. 꼬까울새는 사람을 크게 경계하지 않은 채 덤불 속을 들락거렸는데, 겨울이 끝나갈 때까지 오랫동안 머물다 떠나갔다.

우리나라를 찾아온 검은죽지솔개

작년 2월에는 솔개 한 마리가 탐조인들을 깜짝 놀라게 했다. 녀석은 우리나라에 처음 온 녀석이다. 동남아와 아프리카에 사는 새인데, 놀랍게도 한강공원을 찾아온 것이다. 처음 발견되어서 '검은죽지솔개'라는 공식 이름도 얻었다. 머리와 꼬리날개가 흰색이며, 검은 눈썹선이 있고 눈동자는 붉은 것이 특징이다.

개화산에서 머물던 검은죽지솔개가 한강변에 나타나면 황조롱이에게는 비상이 걸렸다. 황조롱이한테는 먹이를 나눠 먹어야 하는 일이 벌어지기 때문이다. 검은죽지솔개도 황조롱이처럼 주요 먹잇감이 쥐다. 게다가 먹이사냥을 하는 방법도 황조롱이와 비슷하다. 공중에서 정지비행(호버링)하면서 땅에 오가는 먹잇감을 노리는 것이다. 황조롱이는 검은죽지솔개가 영 마뜩하지 않은 눈치다. 마치 자신의 먹잇감을 빼앗기기

날개를 활짝 편 꼬까울새. 우리나라에서 세 번째로 발견되었다.

동남아시아에 사는 검은죽지솔개. 우리나라에 처음 왔다.

라도 한 것처럼 억울해하는 것 같다.

텃세를 부리는 건 황조롱이뿐만이 아니다. 까치도 검은죽지솔개가 영 마음에 안 드는 모양이다. 서둘러 날아와서는 딴 곳으로 가라며 으름장을 놓는다. 그렇다고 그런 협박에 그냥 물러날 솔개도 아니었지만. 몇 번 위협을 하던 까치는 제풀에 지쳐 버드나무로 날아가 앉는다.

유라시아에서 사는 대륙검은지빠귀도 우리나라를 찾아오는데, 그 새는 강원도 고성과 경기도 하남에서 번식까지 했다. 부채꼬리바위딱새도 탐조인들을 흥분시키고 있다. 최근 한강생태공원에 나타나 사람들이 주는 먹이까지 얻어 먹으며 추운 겨울을 났다.

우리나라에서는 해마다 길 잃은 새가 다섯 종씩 발견되고 있다고 한다. 새로운 새가 나타나는 건 반갑기도 하고 흥미롭기도 하다. 하지만 현재 우리나라에는 새로운 종에 대한 연구나 조사가 거의 없어 보인다. 그건 멀리서 날아온 귀한 손님에 대한 예의가 아니다. 더 중요한 건 그 작은 새들이 우리에게 뭔가를 알려 주거나 암시해 주고 있는데도 우리가 그걸 지나치고 있는지 모른다.

유라시아대륙에서 날아온 대륙검은지빠귀가 지렁이를 사냥하고 있다.

한강에 나타난 부채꼬리바위딱새도 길 잃은 새로 분류된다.

새들의 죽음

시화호 둘레에서 죽은 수리부엉이를 발견했다.

숲이나 들판을 돌아다니다 보면 죽은 새들이나 그 흔적들을 자주 만난다. 참새나 박새, 노랑할미새 같은 작은 새들도 있고, 덩치 큰 꿩이나 오리, 멧비둘기도 본다. 폭군으로 살아가는 어치나 까치, 까마귀도 예외가 아니다. 심지어 새들의 먹이사슬에서 가장 높은 지점에 있는 맹금류 사체도 가끔 마주친다. 그 가운데는 수명이 다해 자연사하는 새도 있을 것이고, 천적한테 공격을 당해 죽는 일도 있을 것이다.

시화호에 남았다가 죽은 알락해오라기

그런데 조금 이해 안 되는 새들의 죽음도 만나곤 한다. 몇 년 전 겨울이었다. 1월이 되자 영하 10도 이하로 내려가는 날이 계속되었다. 한강이 얼어붙었다는 뉴스가 나왔다. 그때 나는 텃새 수리부엉이와 겨울철새 알락해오라기를 관찰하러 안산 시화호에 자주 들렀다. 그곳도 꽁꽁 얼어 해마다 시화호로 내려와서 겨울을 나는 철새들이 당황하는 듯 보였다. 오리나 기러기들은 물이 얼지 않은 남쪽지방으로 이동해 버렸다.

그럼에도 알락해오라기만은 시화호에 남아 있었다. 한두 마리도 아니고 10여 마리나 되는 숫자였다. 갈대밭에 숨기 좋아하는 알락해오라기에게 시화호는 아주 좋은 월동지가 틀림없다. 문제는 알락해오라기가 물고기를 사냥할 수 없다는 것이었다. 알락해오라기의 움직임이 워낙 느

겨울철새 콩새가 눈 위에 죽은 채 발견되었다. 김규형 어린이가 필자에게 알려 왔다.

려서 갈대 사이에서 움직이는 걸 보면 마치 나무늘보를 보는 것 같다. 에너지 소모는 크게 줄일 수 있겠지만, 먹지 않고 여러 날을 버틸 수는 없는 노릇이었다. 기어이 올 게 왔다. 여기저기서 알락해오라기 사체가 발견됐다는 슬픈 소식이 들려왔다.

아파트 나무에 둥지를 튼 오목눈이 부부의 비극

어느 해 이른 봄, 내가 사는 아파트 화단에 오목눈이 부부가 날아들었다. 처음에는 먹이 찾으러 들락거리는 줄 알았는데, 그게 아니었다. 오목눈이 부부는 아파트 현관 앞 소나무에 둥지를 틀었다. 둥지는 누가 봐도 이상적인 위치였다. 사람들이 자주 왔다 갔다 하니까 웬만한 천적들은 그 둘레에 얼씬도 못할 거라 생각했다. 둥지는 이끼와 거미줄로 만든 자루형, 즉 둥지 속도 보이지 않았고, 솔잎 색깔과 비슷해서 유별나게 눈에 띄지도 않았다. 며칠 뒤 새끼들이 알에서 깨어났는지 부부는 열

심히 먹이를 나르고 있었다. 이 오목눈이 둥지는 오래가지 못했다. 어느 날 자루둥지가 통째로 바닥에 떨어져 있었다. 이끼는 사방으로 흩어져 있었다. 새끼들은 누가 물어갔는지 단 한 마리도 보이지 않았다. 범인이 누구인지 정확히 알 수 없었으나, 산새가 사람 사는 아파트에서조차 안심하고 살지 못한다는 걸 목격한 사례였다.

새들의 무서운 천적, 뱀

딱따구리 구멍 속도 안전한 곳이 아니다. 딱따구리 구멍은 까치나 어치, 큰 들짐승 걱정은 없겠지만 뱀까지 피해갈 수는 없다. 5월 어느 날이었다. 분당 영장산의 산책로에서 청딱따구리 둥지를 발견했다. 청딱따구리는 교대로 알을 품고 있었다. 이튿날 아침 산에 올라갔는데, 구멍 입구에 새의 솜털이 떨어져 있는 게 아닌가. 불길한 예감이 들었다. 아니나 다를까 바로 앞에서 주말농장을 하는 노부부가 말을 걸어왔다.

텃새 멧비둘기는 천적의 공격을 상당히 많이 당하는 새다.

"딱따구리 보러 왔나요? 아까 딱따구리가 막 울어대서 보니까 글쎄 뱀이 알을 훔쳐 먹고 구멍에서 나오지 뭡니까?"

뱀이 알을 훔쳐 먹고 나갔다는 얘기다. 솜털이 떨어져 있는 걸로 봐서 아주 다급한 상황임을 알 수 있었다. 알을 품고 있다가 구멍둥지에 뱀이 들이닥치자 화들짝 놀란 어미가 구멍 밖으로 뛰쳐나간 듯했다.

뱀은 역시 새한테는 무시무시한 천적이다. 도저히 올라갈 수 없을 것 같은 참나무였지만, 뱀한테 그런 건 아무런 장애물이 되지 못했다.(실제로 누룩뱀은 나무와 나무 사이에 연결되어 있는 가느다랗고 마른 풀

줄기도 타고 넘어 다닌다. 심지어는 20~30cm 거리는 지지대 없이도 몸을 세워 건너가기도 한다. 뱀의 능력에 대해 우리가 아는 건 아주 적다.) 결국 딱따구리 새끼들은 꽃을 피워 보지도 못한 채 뱀한테 먹히고 말았다.

자주 볼 수 있는 꿩, 멧비둘기의 죽음

숲에서 만나는 사체 가운데는 유난히 꿩이 많다. 꿩은 몸집이 큰 데다 움직임도 느려서 맹금류나 들짐승의 주요 사냥감이 된다. 멧비둘기 죽음도 숲에서는 아주 흔하다. 멧비둘기는 개체수가 많은 탓도 있겠지만, 그 죽음이 독특한 행동과도 관련 있는 것 같다. 멧비둘기는 나뭇가지에 한번 내려앉으면 그 자리를 오래 지키는 편이다. 또 암수의 사이가 좋아서 둘이 확 트인 곳에 오랫동안 앉아 있는 경우도 잦다. 덤불 속이나 나뭇가지에 몸을 숨겨 앉는 어치와 다른 것이다. 멧비둘기는 또한 땅바닥에서도 기동력이 뛰어나지 못해 바닥에 먹잇감이라도 있으면 느릿느릿 움직이며 먹는다. 고양이나 족제비 같은 날렵한 들짐승의 손쉬운 공격

시화호 강추위 속에서 만난 겨울철새 알락해오라기.

대상이 될 수밖에 없는 것이다.

언젠가 시화호 둘레에서 죽은 수리부엉이를 발견한 적도 있다. 어린 부엉이였는데, 들짐승이 들이닥쳤는지 목이 잘려나갔고 살점도 뜯어 먹힌 상태였다. 새들에게는 내로라하는 맹금류인데, 죽은 까닭이 그저 아리송할 뿐이다. 안산시청에 연락해서 수리부엉이를 넘겨 주었다. 천연기념물로 보호하는 종인데, 땅바닥에 그냥 내버려둘 수는 없었다.

자동차, 유리벽과 충돌하는 새들

우리 인간과 관련된 죽음도 꽤 있다. 유리 건축물에 부딪혀서 죽는 새들이 대표적이다. 자동차와 충돌하는, 이른바 로드킬 당하는 새는 아주 흔해졌다. 드문 일이긴 해도 비행기 엔진에 빨려 들어가는, 이른바 버드 스트라이크(Bird Strike)로 죽기도 한다.

유리는 새들에게 큰 문제이다. 요즘 유리패널 건물이 유행처럼 번지고 있다. 특히 일반 빌딩은 물론 관공서 건물도 유리 외벽이 많다. 유리와 충돌하면 속도가 빠른

유리창에 부딪쳤지만 기적적으로 살아난 호랑지빠귀. (알모책방 제보, 김신환 동물병원 도움)

새들은 거의 살아남지 못한다. 그 충격은 마치 달리는 차에 사람이 부딪치는 것과 다르지 않다. 더 이해되지 않는 것은 생태학습원 건물도 유리로 짓는다는 것이다. 자연보호에 앞장서야 할 곳에서 말이다.

몇 년 전 봄이었다. 여름철새 큰유리새가 생태공원 유리창에 충돌해서 바닥에 떨어졌다. 큰유리새는 죽지는 않았지만 그 충격으로 눈만 깜빡거리고 있었다. 그때 영역을 순찰 돌던 까치가 큰유리새를 발견했다. 성질 고약한 까치가 자신의 영역에 나타난 낯선 새를 내버려둘 리 없었

다. 까치는 즉시 큰유리새를 부리로 쪼아 죽여 버렸다. 남쪽나라에서 온 큰유리새는 생태공원의 유리 때문에 두 번이나 죽은 꼴이 되었다.

　새들에게 죽음의 늪이 된 유리벽도 있다. 인천의 한 고가도로 방음벽은 나무보다 훨씬 높은 데다가 투명 유리로 만들어져서 물가나 나무로 날아가는 새들이 꼼짝없이 충돌사고를 당하고 있다. 하루에도 대여섯 마리씩 죽어 나간다니 그야말로 죽음의 유리벽이 아닐 수 없다.

치명적인 납에 중독되는 새들

　농약이나 납중독으로 새들이 죽는 사례도 자주 발생한다. 겨울철새 큰고니들의 죽음은 비참하다. 하천이나 저수지에서 바닥을 훑으며 먹이를 섭취하는 과정에서 큰고니들이 낚시꾼들이 버린 납추를 삼키게 된다. 큰고니의 몸 안으로 납이 들어가 납중독으로 이어지면 거의 죽음을 피할 수 없다.

　요즘 낚시 봉돌을 납 대신 새에 해롭지 않은 재료로 바꾸자는 운동이 벌어지고 있지만, 저수지나 하천 바닥에 깔린 납추가 많아 큰고니는 속수무책으로 피해를 입고 있다.

건물에 들어왔다가 출구를 못 찾아 굶어 죽은 박새. 우리가 상상하지 못하는 안타까운 죽음이다.

　죽음이 어찌 안타깝지 않을 수 있을까? 그런데 새들의 죽음은 그걸로 끝나는 게 아니다. 새는 죽으면서 깃털을 남긴다. 따뜻한 솜털은 박새나 딱새, 오목눈이 같이 일찍 번식하는 새들의 알자리에 깔린다. 깃털은 둥지 알을 따뜻하게 해주고, 알에서 깨어난 새끼들을 포근하게 감싸주는 구실을 한다. 새로운 생명에게 오리털 이불 같은 역할을 해주는 셈이다. 새들의 죽음에서 그나마 조금 위로받을 수 있는 부분이다.

속임수의 달인

다친 척하며 천적을 딴 곳으로 유인하는 꼬마물떼새. 사람이든, 개든 감쪽같이 속아 넘어간다.

동남아시아에 사는 어떤 침노린재는 개미를 기막히게 잘 잡아먹는다. 녀석은 평소 개미들이 지나다니는 길목에 앉아 있다가 배 쪽에 있는 분비샘에서 냄새를 풍긴다. 냄새에 아주 예민한 개미는 침노린재의 분비물을 핥아먹기 시작한다. 그때 침노린재는 주사바늘과 같은 주둥이를 개미의 목 뒤로 찔러 마비시킨 다음 서서히 피를 빨아 먹는다. 침노린재는 냄새로 개미를 유인해서 잡아먹는 것이다.

최재천 교수님의
《개미제국의 발견》
82~83쪽에 나온다.

흰둥이를 속인 꼬마물떼새의 승리

작년 봄 EBS 자연다큐 〈하나뿐인 지구〉팀과 오포에서 꼬마물떼새를 촬영하고 있을 때였다. 꼬마물떼새는 교대로 알을 품고 있었다. 그

때 개천에 개 한 마리가 나타났다. 동네에 사는 개인데, 묶어두지 않아 마구 돌아다니는 녀석이었다. 망보던 꼬마물떼새가 "삐익! 삐익!" 하고 소리를 질렀다. 비상신호였다. 어미도 둥지에서 서둘러 뛰쳐나왔다. 곧 꼬마물떼새 부부의 합동작전이 펼쳐졌다.

한 마리가 개 앞쪽으로 날아가더니 종종걸음으로 내달린다. 개는 자기 앞에 웬 새 한 마리가 달려가니까 본능적으로 쫓아갔다. 그 순간이었다. 꼬마물떼새가 날개를 펼친 채 바둥거리기 시작한다. 다친 것처럼 보였다. '허, 이거 웬 떡이지?' 싶었는지 개가 꼬마물떼새한테 달려들었다. 웬걸, 꼬마물떼새는 쪼르르 달려가서는 다시 바둥거렸다. 개는 10여 미터나 또 쫓아갔다. 그런데 다친 것 같았던 꼬마물떼새는 몸을 일으켜 세우더니만 새끼들이 있는 반대방향으로 날아가 버렸다.

어미의 경계신호에 따라 바닥에 엎드리는 꼬마물떼새 14일차 새끼.

꼬마물떼새한테 감쪽같이 속아넘어간 흰둥이.

개는 꼬마물떼새를 쫓아가느라 이미 새끼들로부터 한참 멀어져 있었다. '꼬마물떼새 쫓던 개 땅바닥만 쳐다보는 격'이었다. 개는 잠시 어리둥절해했다. 그걸로 끝이었다. 개는 어느새 처음 가던 방향과 정반대로 가고 있었다. 꼬마물떼새의 완벽한 승리였다.

몇 년 전 봄에 어느 개천에서 꼬마물떼새를 관찰하고 있을 때였다. 개천에 많이 자라는 미나리를 캐려고 동네 아주머니들이 왔다. 꼬마물떼

우리가 아는 새들

74

알 품는 쇠제비갈매기 어미. 천적을 속이는 독특한 방법을 새끼에게 물려 준다.

새는 알을 품고 있었다. 꼬마물떼새는 번갈아 가며 다친 시늉을 했다.

한 아주머니가 "어, 저거 봐. 새가 다쳤나 봐." 하며 뒤쫓아 간다. 그 옆에 있던 사람도, "그러게. 왜 저러지?" 하며 뒤따라 간다. 나중에는 서너 명이 꼬마물떼새를 쫓아가고 있었다. 꼬마물떼새는 사람들을 갖고 놀기라도 하는 것처럼, 암수 교대로 다친 시늉 연기를 펼치고 있었다. 애초에 꼬마물떼새 둥지 쪽으로 가던 아주머니들은 전혀 다른 방향으로 가고 있었다. 몇 번 바둥거리며 연기하던 꼬마물떼새는 둥지 있는 쪽으로 후르륵 날아가 버렸다. 사람들은 꼬마물떼새한테 감쪽같이 속고 말았다.

도연 스님의 《나는 산새처럼 살고 싶다》 104~105쪽에는 텃새 노랑턱멧새의 눈물겨운 의사행위(擬死行爲) 내용이 나온다.

흰물떼새, 쇠제비갈매기도 속임수의 달인

흰물떼새도 꼬마물떼새처럼 다친 시늉을 한다. 이른바 의사행위로, 상대를 속이는 방법이다. 여름철새 쇠제비갈매기는 한술 더 뜬다. 쇠제비갈매기는 꼬마물떼새나 흰물떼새처럼 무리 지어 번식하는 새다. 이 쇠제비갈매기의 새끼는 아주 놀라운 방법을 쓴다. 알에서 갓 태어나 날

먹이 달라고 우는 쇠제비갈매기 어린 새끼.

지도 못하고, 제대로 뛰지도 못하는 쇠제비갈매기는 천적이 나타났을 때 죽은 체하는 의사행위를 한다.

꼬마물떼새 새끼는 아예 바닥에 바싹 엎드리는 방법을 쓴다. 자갈밭 보호색을 활용한 작전으로, 자갈 색깔과 구별이 어려울 만큼 보호색이 뛰어난 점을 이용한다. 쇠제비갈매기 새끼의 의사행위가 더 놀랍지만, 보호색을 이용한 꼬마물떼새 새끼의 눈 속이기가 훨씬 더 효과적으로 보인다.

꼬마물떼새나 흰물떼새, 쇠제비갈매기는 그야말로 속임수의 달인이다. 속임수라는 표현이 나쁘게 들릴지 몰라도 그 새들한테는 살아남기 위한 생존방법이다. 그들은 덩치 큰 천적과 정면승부로 싸워서는 승산이 없다는 판단을 일찌감치 내린 것이고 그 대안을 찾아낸 것이다. 이런 속임수를 쓰는 작은 새들을 가까이서 지켜보면 안쓰럽고 눈물겹기까지 하다.

떠내려 온 둥지

뿔논병아리 부부는 떠밀려 내려온 둥지를 끝내 포기하지 않았다.

재작년 초여름이었다. 한 생태사진가에게 "얼른 카메라 챙겨서 시화호로 와요. 당장!" 하고 전화가 왔다. 이런 연락을 받으면 물어볼 것도 없다. 희귀조 아니면 무슨 사건이 벌어진 거다. 카메라와 삼각대만 차에 싣고 안산 시화호로 내달렸다. 시화호에 도착해 보니 사람들이 몰려와 있었다.

길옆에 둥지를 튼 뿔논병아리

호숫가에 뿔논병아리 두 마리가 보였다. 아니, 흔치 않은 뿔논병아리가 바로 길옆에 있다니! 둑 아래로 내려가 보니 이번엔 뿔논병아리 둥지가 보였다. 둥지는 둑에서 불과 1미터밖에 떨어져 있지 않았다. 도저히

믿을 수 없는 일이었다. 그 예민한 뿔논병아리가 길 옆에 둥지를 틀다니!

뿔논병아리는 10여 년 전만 해도 시베리아에서 우리나라로 내려오는 겨울철새였다. 그러던 것이 서해안에서 번식을 시작했고 오늘날 텃새로 자리 잡고 있는 것이다. 그렇다고 뿔논병아리를 가까이 볼 수 있는 건 아니다. 번식 장면은 더더욱 가까이 보기 어렵다. 뿔논병아리는 호수 한가운데에 수초를 쌓아올려 둥지를 틀기 때문에 웬만하면 100미터 거리가 넘는다. 그런데 그 뿔논병아리 둥지가 코앞에 있다니, 기가 막힌 일이었다.

뿔논병아리한테 사건이 있었다. 내가 시화호에 가기 며칠 전 뿔논병아리 부부는 호수 한가운데에 둥지를 틀었다. 그런데 수초둥지가 그냥 물 위에 떠 있는 건 아니다. 뿔논병아리는 둥지 위치를 잡고는 한 군데에 수초를 쌓는데, 물에 젖은 수초는 점점 가라앉기 마련이다. 따라서 뿔논병아리는 수초를 쌓아 올려 둥지를 계속 보강해야 한다. 물 한가운데에 둥지를 틀어 들짐승은 피할 수 있지만, 뿔논병아리는 계속 둥지 보강작업을 해야만 했다.

새끼를 등에 태우고 다니는 뿔논병아리. 자식사랑이 대단하다.

뿔논병아리 새끼들이 어엿하게 자라 어미를 따라 헤엄치고 있다.

끝내 알을 포기하지 않다

어느 날 상상치 못한 일이 벌어지고 말았다. 비바람이 몰아치면서 호수에 물이 차올랐다. 뿔논병아리 부부는 알을 꼭 껴안고 품었다. 호수에 물이 더 차오르자 둥

뿔논병아리 부부가 짝짓기를 하고 있다.

둥지에 물풀을 쌓아올리는 뿔논병아리 부부.

이듬해 50쌍 가까운 뿔논병아리가 길에서 가까운 곳에 둥지를 틀었다.

지에 수초도 계속 쌓아 올렸다. 그런데 점점 빗줄기가 굵어졌고 바람도 더 세졌다. 넓고 큰 호수라 이번엔 파도까지 쳤다. 둥지가 조금씩 움직이기 시작했다. 둥지는 계속 수초를 쌓아 올렸기 때문에 웬만해선 움직일 수가 없었다. 하지만 비바람과 높은 파도를 견딜 수가 없었다.

파도가 크게 일렁이면서 둥지가 떠내려 가기 시작했다. 뿔논병아리 부부는 당황하지 않을 수 없었다. 수초를 잔뜩 물고 와서 둥지 위에 쌓아 올리려 했지만, 이미 때는 늦어버렸다. 둥지는 바람 따라, 파도 따라 하염없이 떠내려 갔다. 뿔논병아리 둥지는 기어이 길옆까지 떠밀려 온 것이다.

생태사진가들은 둥지 앞까지 내려가서 뿔논병아리 사진을 찍었다. 공무원이 달려와서 사진을 찍지 말라고 소리치며 막아섰다. 뿔논병아리가 스트레스를 받아 둥지를 포기할지도 모른다는 주장이었다. 하지만 그 뒤로도 사진촬영은 계속되었다. 나는 매일 그곳에 갔다. 뿔논병아리가 알을 계속 품을 것인지, 스트레스 때문에 포기할 것인지 궁금했다.

결과는 놀라웠다. 뿔논병아리는 끝내 알을 포기하지 않았다. 알에서 깨어난 새끼들은 아빠, 엄마의 등에 올라타며 돌아다녔다. 그 예민한 뿔논병아리가 사람들 앞에서 성공적으로 새끼를 친 것이다. 어린 새끼들이 헤엄을 치며 돌아다닐 수 있게 되자 그때서야 뿔논병아리 가족은 호수 안쪽으로 자리를 옮겼다. 해피엔딩이었다.

사람에게 마음을 연 새들

작년 초여름에는 뿔논병아리가 시화호에 둥지를 틀기 시작했다. 그런데 길가에서 10여 미터 떨어진 곳에 수초 둥지를 틀었다. 곧 그 옆에 또 다른 부부가 둥지를 틀었고, 일주일쯤 지나자 뿔논병아리들이 사방에서 몰려와 둥지를 틀었다. 둥지는 무려 50개 가까이 늘어났다. 뿔논병아리들은 아무렇지도 않게 사람들 앞에서 알을 품거나 새끼들을 등에 태우며 자연스럽게 돌아다녔다.

겨울에 시베리아에서 우리나라에 내려오는 큰고니(백조)는 사람을 무척 두려워한다. 멀리서도 사람만 보면 날아가기 바쁘다. 하지만 20여 년 전 독일에 머무를 때 그곳 큰고니는 동네 사람들과 친하게 지냈다. 마치 집오리처럼 말이다. 야생 큰고니가 사람들과 친하게 노는 까닭이 뭘까? 누구도 자신들을 해치지 않는다고 판단했기 때문일 것이다.

시화호 뿔논병아리도 비슷한 경우가 아닐까? 재작년에 떠내려 온 둥지에서 새끼를 친 부부가 시화호 길옆 집단둥지를 주도한 건 아닐까? 그걸 보고 다른 뿔논병아리도 사람들 곁에 다가온 건 아닐까? 분명한 건 지금까지 단 한번도 뿔논병아리들이 사람들 가까이 와서 둥지를 치지 않았다는 점이고, 그게 둥지가 떠내려 온 사건 이후 180도 달라졌다는 것이다.

나는 뿔논병아리들이 독일의 큰고니처럼 크게 마음을 열었다고 믿는다. 시화호는 뿔논병아리들이 길옆까지 다가와서 둥지를 틀어야 할 만큼 좁은 호수가 아니니까.

비상식량을 남기는 지혜

나뭇가지 끝에 매달린 고욤을 따먹으려고 안간힘을 쓰는 물까치.

노르웨이 아문센과 영국의 스콧, 두 사람은 20세기 초 남극탐험 경쟁의 선두주자였다. 그들의 탐험과정을 보면 생각해 볼 점이 적지 않다.

스콧은 운반수단으로 조랑말을 선택했다. 무거운 짐은 조랑말이 제격이라고 판단한 것이다. 하지만 조랑말은 강추위를 견뎌내지 못했다. 행군은 어려워지고 대원들 사기가 떨어진 건 당연한 일이었다. 스콧 일행은 결국 아문센보다 늦게 남극점을 밟은 데다가 돌아오는 길에 모두 죽고 말았다.

아문센의 작전은 치밀했다. 장비와 식량운반을 추위에 강한 개로 썼다. 그는 탐험로 곳곳에 임시 저장소를 마련하고 비상식량을 저장해 두는 것도 잊지 않았다. 눈폭풍과 강추위로 행군은 자연히 늦춰졌을 것이고, 그럴 때마다 코스 중간 중간에 마련해 둔 비상식량이 큰 역할을 했음은 물론이다.

산새들의 겨울 식량이 된 고욤

몇 년 전 1월 초였다. 폭설이 시작되었다. 사흘 밤낮으로 눈이 내려 어른 무릎만큼 쌓였다. 눈이 그친 날 남한산성에서 급하게 연락이 왔다. 산성 둘레에 살고 있는 산새들이 고욤나무 하나에 모두 모여들었다는 얘기였다. 얼른 카메라 장비를 챙겨 산성으로 달려갔다.

산성마을에 도착했더니 수백 마리의 산새들이 고욤을 먹고 있었다. 오목눈이 무리가 날아와 고욤 살을 쪼아 먹고 가면, 개똥지빠귀와 노랑지빠귀가 날아와 고욤을 따먹었다. 곧이어 물까치가 날아와 고욤나무에 매달리더니, 먹성 좋은 직박구리 무리도 날아와 게걸스럽게 고욤을 먹어 치웠다. 통째로 고욤을 삼킨 직박구리나 지빠귀들은 양지 바른 곳으로 날아가 컥컥거리며 씨앗을 뱉어내기 바빴다.

그런데 정말 이상한 일이었다. 식당의 고욤나무는 평소 유심히 지켜보던 나무였다. 산성마을에는 유난히 고욤나무가 많았는데, 12월이 되자 고욤이 하나도 남지 않았다. 산새들이 모두 먹어버린 것이다.

신기하게도 그 고욤나무만은 예외였다. 1월초 폭설이 내리기 전

산새들에게 식당의 고욤나무는 비상식량이었다. 바닥에 떨어진 고욤까지 남김없이 먹어 치웠다.

까지 산새들 누구도 그 나무에는 손을 대지 않는 듯했다. 산새들은 왜 그 식당의 고욤나무를 건드리지 않았을까? 산새들에게 **식당의 고욤나무는 비상식량**이었던 게 아닌가 싶었다. 겨울철 폭설에 대비해서 산새들 모

이 이야기는 우리 새 생태동화 《홀로 남은 호랑지빠귀》에 나온다.

곤줄박이는 주목나무 열매를 겨우내 아껴 먹는 습성이 있다.

두 절대 건드리지 말자고 약속이나 한 듯 말이다. 폭설이 내리면 먹잇감은 크게 줄어들 수밖에 없다. 풀씨는 물론이요, 웬만한 덤불 열매도 눈에 묻혀버릴 수 있으니 말이다. 산새들은 그런 최악의 사태를 대비한 게 아닐까 싶다. 그렇지 않고서야 산성의 다른 고욤나무 열매는 다 따먹었는데, 식당의 고욤나무만 내버려둘 까닭이 없었던 것이다. 작은 새든, 큰 새든 서로 싸우지 않고 질서를 지키며 고욤을 따먹은 것도 선뜻 이해하기 어렵다. 산새들은 많이 굶주렸을 텐데 서로 참을성을 발휘해 가며 순서를 지켰던 것이다. 그 고욤나무가 전체 산새들의 비상식량일 가능성을 뒷받침해 주는 대목이 아닐 수 없다.

비상식량을 남기고, 숨기는 새들

수천 년 대를 이어 오면서 새들은 비상식량의 중요성을 알고 있는 것 같다. 실제로 산새들은 먹이가 눈에 띄면 일단 어디엔가 숨기고 본다. 박새, 곤줄박이, 동고비들의 습성이 다 똑같다. 산새들은 땅콩 부스러기가 보이면 당장 먹어 치우지 않고, 얼른 숨겨두고 다시 날아온다. 비

어치는 어떤 먹이도 숨겨 놓는다. 비상시를 대비한 습성이 몸에 밴 것이다.

상식량을 챙겨두는 게 몸에 밴 것이다.

비상식량에 관한 한 텃새 어치를 따라갈 새가 없다. 어치가 제일 좋아하는 건 도토리다.(텃새 원앙도 도토리가 주요 먹이다.) 어치는 도토리가 눈에 띄기만 하면 땅바닥 어디엔가 숨긴다. 비상식량인 셈이다. 하지만 그 많은 비상용 도토리를 어치가 일일이 기억해 내기란 쉽지 않다. 어치가 기억하지 못한 도토리는 싹을 틔워 나무로 자라나게 된다. 어치는 숲을 가꾸어가는 설계자가 아닐 수 없다.

비상시를 대비하는 건 누구에게나 중요한 일이다. 아문센은 비상식량 덕분에 자신의 이름을 역사에 남길 수 있었고, 산새들은 식당의 고욤나무를 아껴 폭설의 위기를 넘길 수 있었다. 예전 우리 할머니들은 밥을 할 때마다 종지 하나만큼의 쌀을 덜어 다른 항아리에 보관했다. 평소 조금씩 덜 먹고 모아 두었다가 나중에 어려울 때 쓰도록 하기 위함이었다. 사람처럼 만약의 상황을 대비하는 새들을 보면서 다시 한번 배운다.

새끼들은 밀고 당기며 어미가 울컥울컥
쏟아내는 비둘기 우유를 맛있게 받아먹었다.
새끼 두 마리가 한꺼번에
어미 주둥이에 부리를 꽂는 순간
그동안 궁금해 하던 수수께끼가 풀렸다.

〈멧비둘기 알〉 중에서

새에 관한 의문들

새들이 보는 다른 세계
멧비둘기 알
지렁이와 버찌
철새에 관한 의문들
부리의 비밀
형제끼리 죽이는 새들
둥지를 둘러싼 싸움
가락지와 날개 표지

3장

새들이 보는 다른 세계

새들의 세계는 우리의 그것과는 다르다. 사진은 어미의 신호에 따라 움직이는 꼬마물떼새 새끼.

히다카 도시다카의 《동물이 보는 세계, 인간이 보는 세계》에 나온다.

    일본의 히다카 도시다카 씨는 동물행동학자다. 어느 날 도시다카 씨는 도자기로 된 고양이를 거실에 두었는데, 자신의 집 고양이가 그 앞에서 으르렁대는 걸 보았다. 그 인형은 누가 봐도 도저히 고양이라고 볼 수가 없었다. 그런데도 고양이는 그 도자기 인형을 진짜 고양이로 여기고는 신경이 날카로워져 있었다.

    도시다카 씨는 봉제인형으로 된 고양이를 구해 왔다. 그 봉제인형은 누가 봐도 고양이와 거의 똑같이 생겼다. 털이나 색깔이 고양이와 비슷해서 좀 멀리서 보면 진짜 고양이와 구별하기 어려웠다. 도시다카 씨는 고양이가 당연히 반응할 걸로 생각했다. 그런데 예상 외의 일이 벌어졌다. 고양이는 인형을 본체만체하며 그냥 지나쳐버렸다. 마치 '저건 뭐야? 아무것도 아니네.'라고 여기는 것처럼 고양이는 그 인형에 아무런 반응도 하지 않았다.

거울 속의 새에 반응하는 딱새

어느 날 산책을 하는데 길옆에 자동차가 한 대 서 있었다. 그런데 자동차 사이드미러 앞에 딱새 한 마리가 날개를 파닥거리며 있었다. 하도 이상해서 몸을 숨겨 지켜보았다. 딱새는 사이드미러, 즉 거울을 보며 계속 파닥거렸다. 딱새는 거울에 비친 자신을 보고 반응하고 있었다. 거울 속에 자기와 비슷한 새가 있으니까 관심을 보였던 것이다. 딱새는 그러니까 "야! 얼른 나와 보라니까." 하며 거울에 대고 혼잣말을 하고 있었던 셈이다.

노란 장화를 따라간 야생 거위들

야생 거위를 키우며 새들의 행동을 관찰했던 오스트리아의 콘라트 로렌츠 박사도 재미있는 일을 겪은 적이 있다. 거위들은 알에서 깨어났을 때부터 로렌츠 박사가 키웠기 때문에 언제나 그를 어미로 여기며 졸졸

콘라트 로렌츠의 《야생거위와 보낸 1년》에 나오는 내용이다.

까치의 입장에서 문제를 보지 않고 그저 잡아서 없앨 궁리만 하고 있는 현실이 안타깝다.

자동차 사이드미러를 보고 반응하는 딱새.

졸 따라다녔다. 그런데 어느 날 엉뚱한 일이 벌어졌다. 거위들이 로렌츠 박사가 아닌, 그의 제자를 뒤쫓아 갔다. 거위들의 태도가 하루아침에 바뀌었으니 놀랄 수밖에 없었다. 로렌츠 박사는 무슨 까닭이 있는지 관찰해 보았다. 알고 보니 거위들은 로렌츠 박사가 평소 신고 다니던 노란 장화를 어미로 여기고 있었다. 그날 거위들이 제자를 뒤쫓아 간 건 그 제자가 로렌츠 박사의 노란 장화를 신고 나갔기 때문이었다. 거위들은 평소처럼 노란 장화를 보고 뒤따라 간 것이다.

새들이 보는 세계는 우리와 다르다

야생 흰뺨검둥오리 뼥뼥이를 키우면서 나도 이상한 경험을 했다. 어느 날 뼥뼥이가 비행을 마치고 운동장에 착륙했는데, 내게 오지 않고 갑자기 나를 피하기 시작했다. 만날 나를 어미로 알고, 내 발꿈치만 졸졸 따라 다니던 녀석이었는데 나를 몰라보다니! 뼥뼥이는 내가 다가서자 마치 낯선 사람 보듯 슬금슬금 자리를 피했다. 어느 겨울날에는 뼥뼥이가 나를 보고 기겁을 하며 도망을 쳤다. 뼥뼥이는 나를 처음 만난 사

야생 흰뺨검둥오리를 키우면서도 이해하기 힘든 행동을 여러 번 관찰했다.

람처럼 대했다. 그런데 집에 돌아와서는 아무런 일도 없었다는 듯 다시 내 꽁무니만 쫓아다녔다.

삑삑이가 왜 갑자기 나를 알아보지 못하고 그런 행동을 했는지는 정확히 알 수는 없다. 그저 내가 새로 사 입었던 바지나 장갑 때문이 아니었을까 추측할 뿐이다. 거울을 보며 반응했던 딱새의 행동도 이해 안 되긴 마찬가지다. 분명한 건 로렌츠 박사의 노란 장화나 도시다카 씨의 도자기 인형처럼, 새들이 보는 세계와 우리 사람이 보는 그것이 좀 다르다는 점이다. '새들의 형제살해'나 짝을 맺은 뒤에도 끊임없이 다른 수컷과 바람을 피우는 암컷도 새들만의 독특한 세계일 것이다.

브리짓 스터치버리의 《암컷은 언제나 옳다》에 나온다.

해마다 과수원 농가들이 까치 때문에 골머리를 앓는다고 한다. 한전도 전봇대 까치둥지 때문에 엄청난 재산 피해를 입는다며 야단이다. 우린 새들의 문제 해결에 폭력을 쓰려 하지만, 새들을 조금만 더 자세히 들여다본다면 의외로 손쉬운 방법이 나올지 모른다. 죽이는 게 해결책이 될 수는 없다. 그들이 보는 다른 세계를 이해하는 게 우선이다. 그러면 자연스레 해결책이 보일지 모른다.

새와 소통하는 건 쉬운 게 아니었다. 처음 집 떠났다가 엉뚱한 장소에서 나를 기다리는 입양오리 삑삑이.

멧비둘기 알

멧비둘기 알 두 개가 엉성한 둥지에 놓여 있다.

산새들은 알 숫자가 대개 정해져 있지 않다. 예를 들어 되지빠귀는 4~6개, 노랑할미새는 4~6개, 호랑지빠귀는 3~5개, 딱새는 3~6개, 흰뺨검둥오리가 8~12개다.

그런데 알의 개수가 들쭉날쭉하지 않고 딱 정해져 있는 새가 있다. 바로 텃새 멧비둘기다. 멧비둘기 둥지를 발견할 때마다 알은 예외 없이 두 개였다. 아니, 멧비둘기 알은 왜 항상 두 개지? 생태 관련 책을 뒤져 봐도 답이 없다.

예외 없이 두 개인 멧비둘기 알

어느 날 전나무 숲에서 알 한 개짜리를 만났다. '그럼 그렇지. 세상에 예외 없는 게 어디 있담.' 하며 위대한 발견이라도 한 듯 기뻐했다. 그 때 갑자기 어치가 나타났다. 어치는 부리로 톡톡 찍어 알을 깨고는 속을 먹어 치운 뒤 사라졌다. 알은 역시 두 개였다. 알 하나는 껍데기가 깨진 채 나무 밑에 떨어져 있었다.

　5월 하순, 잣나무 숲에서 멧비둘기 둥지 하나를 발견했다. 새끼들은 이미 알에서 깨어나 있었다. 열흘쯤 자란 크기였다. 집비둘기와 달리, 멧비둘기의 경계심은 대단하다. 위장막에서 기다린 지 1시간이 지나서야 멧비둘기가 들어왔다. 어미가 나타나자 둥지에 엎드려 있던 새끼들이 벌떡 일어나 날개를 파닥거린다. 어서 먹이를 달라는 뜻이다. 어, 그런데 어미는 아무것도 물어오지 않았다. 웬일이지? 멧비둘기 어미가 주둥이를 벌린다. 새끼 한 마리가 어미 주둥이에 부리를 집어넣었다. 어미는 갑자기 고통스러운 표정을 짓더니, 곧 뭔가를 토해 주었다. 멧비둘기는 자기가 먹은 식물의 씨앗이나 낟알(멧비둘기는 메뚜기나 벌레는 물론 논에서 우렁이도 잡아 먹는다.)을 액체로 만들어 그걸 새끼에게 먹여주는 것이었다. 이것이 피존밀크(Pigeon Milk)이다.

어미를 기다리는 새끼들. 노란 털은 둥지를 떠날 때 떨어져 나간다.

피존밀크를 먹고 자라는 멧비둘기 새끼

　멧비둘기 알의 숫자에 대한 의문은 여전히 풀리지 않았다. 이튿날이었다. 멧비둘기 어미가 오래도록 들어오지 않았다. 어미가 안 들어오자 새끼들은 앉았다, 일어섰다를 되풀이했다. 두 마리는 자리를 바꾸거나 한쪽으로 빙글빙글 돌면서 목이 빠져라 어미를 기다렸다. 그때였다.

"퍼드덕!" 하고 어미가 들어오는 소리가 나자 새끼들은 날개를 파닥거리며 어미에게 다가갔다. "얘들아, 어서 먹어라." 라고 말하듯이 어미는 주둥이를 크게 벌렸다. 두 마리가 동시에 어미 주둥이에 자신들의 부리를 찔러 넣었다. 어미는 있는 힘을 다해 먹이를 토해 내기 시작했다. 새끼들은 밀고 당기며 어미가 울컥울컥 쏟아내는 비둘기 우유를 맛있게 받아먹었다.

이른 봄 눈폭탄을 맞은 멧비둘기 둥지.

새끼 두 마리에게 동시에 피존밀크를 토해 주고 있는 멧비둘기 어미.

새끼 두 마리가 한꺼번에 어미 주둥이에 부리를 꽂는 순간 그 동안 궁금해 하던 수수께끼가 풀렸다. 동물이든, 식물이든 자기 자식을 많이 낳으려는 건 본능이다. 그런데 멧비둘기는 여느 산새처럼 지렁이나 벌레를 사냥해서 새끼들에게 주는 게 아니라, 먹이를 소화해서 토해 주는 방식으로 진화했다. 먹이를 액체 상태로 바꾸려면 시간도 꽤 걸린다. 그렇다면 새끼 두 마리는 어미가 한꺼번에 감당할 수 있는 최대한의 숫자 아닐까?

적게 낳는 대신 여러 차례 번식

멧비둘기가 최대 두 개의 알을 낳도록 진화한 것이라면 좀 억울할 것이다. 다른 새들은 5~6개씩 낳으니 말이다. 하지만 세상은 그리 불공평하지 않다. 멧비둘기는 대신 일 년에 한 번(대개의 새들은 1회 번식한

이른 봄에도 번식하는 멧비둘기.
그 삶이 여간 힘겨운 게 아니다.

다.)이나 두 번(박새류, 쇠물닭 등은 2차 번식도 한다.)도 아니다. 여건만 되면 날이 추워도 그 이상의 번식이 가능하도록 진화했다.

그런데 추위가 채 가시지 않은 이른 봄, 멧비둘기에게는 예기치 않은 문제가 생긴다. 바로 폭설이다. 교대를 하거나 둥지를 잠시 비우는 순간 솔잎에 쌓인 눈이 떨어지는 것이다. 눈뭉치가 둥지의 알을 덮쳐 버리면 멧비둘기 어미로서는 어찌할 방법이 없다.

사실 멧비둘기만큼 힘겨운 삶도 없다. 겉으로는 행복하고 평화로워 보이지만, 일 년 내내 먹이 토해 주며 새끼들 키우랴, 봄이면 눈폭탄 맞으랴 정신없다. 어디 그뿐인가. 멧비둘기는 유해조류에 속한다. 농부들이 애써 농사지은 곡식을 쪼아 먹는다는 이유 때문이다. 멧비둘기 살아가는 모습을 가까이서 지켜보면 유해조류가 아니라, 천연기념물로 지정해도 모자람이 있는데 말이다.

지렁이와 버찌

되지빠귀는 새끼들에게 처음엔 애벌레를 주다가 나중엔 지렁이를 먹인다.

이 이야기는 인천 석천초등학교 '작가와의 만남'에서 들었던 아이들의 의견과 생각을 바탕으로 쓴 것이다.

아이들의 상상력은 참 뛰어나다. 이따금 아이들 입에서 어른들도 상상해 내지 못하는 생각이 튀어나온다. 그럴 때면 책상 위에 올라가도록 해서 박수를 쳐준다. 그러면 친구들에게 곧바로 자극이 된다. 그동안 단 한번도 손을 들지 않은 아이들이 입을 열기 시작한다. 내 강연의 목표가 이루어지는 순간이다.

질문을 통해 새들을 이해하게 되는 아이들

강연 중 여름철새 되지빠귀 영상을 보여 주며 아이들에게 여러 가지 질문을 던진다.

"되지빠귀 새끼들(대개 네 마리인데, 다섯 또는 여섯 마리까지 키우는 걸 본 적이 있다.)은 둥지를 떠나기 전날까지, 그러니까 알에서 깨어난 지 약 12일 동안 지렁이와 애벌레를 먹는다. 되지빠귀 부부는 먹이를 주러 올 때마다 새끼들이 싸주는 똥으로 힘겹게 살아가면서 하루 100여 차례 이상 지렁이를 사냥해 온다.

분위기가 무르익으면 엉뚱한 대답도 마구 튀어나온다.

그런데 둥지를 떠나기 하루나 이틀 전 새로운 먹이가 등장한다. 바로 벚나무 열매인 버찌다. 참 신기한 일이다. 계속 지렁이만 먹여 주다가 먹이를 바꾼 것이다. 왜 그럴까? 되지빠귀 어미는 왜 갑자기 버찌열매를 먹여주는 걸까?"

질문과 대답이 꼬리에 꼬리를 물면서 분위기가 뜨거워진다.

아이들한테서 여러 가지 답이 쏟아져 나온다. "지렁이만 계속 먹으면 질리잖아요." 하는 정도는 흔히 나오는 대답이다. 그럼 내가 되묻는다. "너희들은 햄버거와 피자를 자주 먹는데도 왜 싫증 내지 않지?" 하면 아이들은 금세 '그렇긴 하네.'라는 표정이다. 그러다가 이내 "둥지 떠나는 걸 알려 주려고요."라고 기특한 대답을 한다. 되지빠귀 이야기를 쓴 내 생태동화에서 둥지 떠나는 새끼들에게

지렁이와 버찌 질문에 아이들의 입에서 수많은 대답이 나온다.

생태동화 《둠벙마을 되지빠귀 아이들》에 버찌 이야기가 나온다.

어미가 특별히 준 게 바로 버찌였다. 생일이나 졸업식에 선물을 주는 것도 그게 다 특별한 날, 기억하고 싶은 날이기 때문이다. 그런 얘기를 덧붙여 주면 아이들은 고개를 끄덕인다.

"혹시 그때가 버찌 익는 시기여서 먹여 준 게 아닐까요?" 하는 대답이 나왔다. 대단한 생각이다. 되지빠귀가 주로 새끼를 치는 6월 초는 버찌가 본격적으로 익는 때다. "버찌를 먹여 소화를 잘 시키려는 건 아닐까요?" 하는 어린이는 식후에 과일 디저트를 떠올린 모양이다. 버찌가 지렁이나 애벌레보다 소화가 더 잘 되는 음식이란 건 일리가 있다. 박수를 쳐준다.

분위기가 무르익으면 색다른 대답이 나온다. "열매를 먹여서 살을 빼게 하려고요." 하면 매우 괜찮은 대답이자 좋은 힌트다. 단백질(단백질 1g은 4kcal의 에너지를 낸다.) 이 많은 지렁이를 계속 먹으면 몸이 좀 더 무거워지지 않을까 생각한 모양이다.

"새끼들이 몸을 더 가볍게 한 상태에서 둥지를 떠나도록 하는 거 아닐까요?" 라는 대답도 나왔다. 논리적으로도 그럴 듯하다. 날아서 둥지를 떠나야 하는 새끼라면 뚱뚱한 것보다 날씬해야 후르륵 잘 날 수 있을 테니 말이다.

이어지는 질문, 정답은 하나가 아니다

여기서 내가 "얘들아, 그런데 되지빠귀는 둥지에서 날아가는 게 아니고, 뛰어내리던데…" 하고 한마디 던지면 아이들의 표정이 순간 일그러진다. 뛰어내린다면 굳이 버찌 다이어트까지 할 필요는 없을 테니 말이다. 아이들이 더 기발한 아이디어를 찾으려고 머리 쓰는 모습이 눈에 들어온다. 시간이 좀 걸려도 기다려 본다.

"혹시 새끼들이 너무 더워서 버찌를 먹이는 건 아닐까요?" 하고 수준 높은 대답이 나오고야 만다. 이런 대답이라면 의자에 오르게 해서 박수를 받게 해준다. 새들의 체온은 상당히 높다. 어미야 날 수 있으니까 더우면 물웅덩이에 가서 목도 축이고 목욕을 하면 그만이다. 하지만 아직 날지 못해 둥지에 있는 새끼들은 어떻게 할까? 수분이 많은 버찌를 먹여주면 갈증이 좀 해소되지는 않을까? 또 수분 많은 버찌를 먹여줌으로써 체온도 좀 떨어뜨릴 수 있지 않을까?

"새끼가 둥지 떠나서 곧바로 지렁이를 잡을 수 있나요?" 하고 어떤 아이가 내게 묻는다. "아니, 지렁이를 잡으려면 좀 배워야겠지?"라고 했더니, 다시 "그렇다면 우선 새끼들이 찾아먹기 쉬운 버찌 열매부터 따먹으라는 거 아닐까요?"라고 묻는다. 이거야말로 최고의 답이다. 지렁이 사냥은 시간이 좀 걸리겠지만, 나뭇가지에 살짝 올라가 버찌 따먹는 건 그리 어려운 게 아닐 테니 말이다. 그 아이는 책상에 오르게 해서 큰 박수를 받게 한다.

아이들이 다양한 대답을 할 수 있는 건 답이 하나가 아니라서 그렇다. 답이 하나가 아니니 아이들은 맘껏 제 생각을 말할 수 있다. 엉뚱한 상상도 펼칠 수 있다.

새끼 새들이 둥지를 떠나기 전날, 되지빠귀 아빠는 갑자기 버찌를 먹인다.

철새에 관한 의문들

겨울철새 되새 무리가 느티나무 씨앗을 먹고 있다.

새들은 철새와 텃새로 나뉜다. 계절에 따라 번식지와 월동지를 정기적으로 오가면서 살아가는 새를 철새라고 하며, 텃새는 1년 내내 한 지역에서 사는 새를 가리킨다. 나그네새는 우리나라 이외의 번식지와 월동지를 오가다가 봄과 가을에 잠시 우리나라를 거쳐 가는 새를 말한다.

여름철새와 겨울철새

해마다 봄이 되면 어김없이 여름철새들이 날아온다. 후투티, 제비, 알락할미새, 노랑할미새, 꼬마물떼새, 되지빠귀, 호랑지빠귀, 흰눈썹황금새, 황로, 붉은배새매와 같은 새들이다. 여름철새들이 알을 낳고 새끼 친 다음 가을에 남쪽나라로 돌아가면 북쪽에서 겨울철새들이 날아

겨울철새 큰고니 무리가 북쪽에서 내려오고 있다.

와 그 자리를 메운다. 쇠오리, 고방오리, 청둥오리, 흰죽지, 댕기흰죽지 같은 오리들이 떼 지어 날아오고, 큰기러기와 쇠기러기, 두루미, 큰고니, 댕기물떼새도 무리 지어 온다.

겨울철새는 물새만이 아니다. 숲이나 공원에는 노랑지빠귀, 개똥지빠귀와 같은 새들도 자주 눈에 띈다. 앙증맞은 상모솔새와 멧종다리도 오고 양진이와 긴꼬리홍양진이, 멋쟁이새와 콩새도 보인다. 되새는 수십 마리 또는 그 이상의 무리를 지어 날아온다.

봄과 가을에는 나그네새들이 우리나라에 잠시 머물다가 간다. 그 대표적인 새가 바로 흑꼬리도요, 붉은발도요, 큰뒷부리도요, 중부리도요, 청다리도요, 알락도요, 뒷부리도요, 노랑발도요, 꼬까도요, 붉은어깨도요, 개꿩, 왕눈물떼새 같은 새들이다. 도요들은 주로 서해안 갯벌에서 먹이활동을 하다가 멀리 호주나 뉴질랜드까지 가서 월동한 다음

이듬해 봄 다시 우리나라를 거쳐 북쪽으로 이동한다. 노랑딱새나 유리딱새, 진홍가슴과 같은 새들도 우리나라를 통과하는 나그네새들이다.

새들은 왜 이동할까

그렇다면 새들은 참새나 직박구리, 까치처럼 한 군데서 살아가지 않고 왜 수천 킬로미터에서 수만 킬로미터에 이르는 거리를 힘들게 이동하는 걸까? 이동하는 새들은 10kg 내외의 두루미나 큰고니부터 2.6~3.2kg의 큰기러기, 1kg 내외의 오리들, 200~500g의 흑꼬리도요, 60~75g의 후투티, 15~22g의 노랑할미새에 이르기까지 다양한데 크든 작든 여행이 편안할 리 없다.

새들은 대체로 먹이 부족 때문에 이동하는 것으로 판단하고 있다. 사실 날씨가 추워도 먹이만 공급된다면 크게 문제가 되지 않는다. 북쪽 시베리아나 툰드라지역은 봄철에 긴 시간은 아니지만, 의외로 먹이가 풍부하다. 겨울철새들이 남쪽에서 월동을 마친 뒤 다시 북쪽으로 돌아가서 번식하는 까닭이다.

철새들의 이동 시기와 종류는 원병오 교수의 《날아라 새들아》 40~47쪽에 나온다.

롭 흄의 《Birds of Britain and Europe》에 나온다. 새들은 생각하는 것보다 훨씬 가볍다.

도요는 대표적인 나그네새다. 시베리아에서 우리나라를 거쳐 호주까지 긴 여행을 한다.

새들은 다양하게 이동한다. 도요새와 물떼새처럼 모든 개체가 완전히 다른 지역으로 떠나는 경우도 있지만, 같은 종이라도 일부만 이동하고 일부는 그대로 남아 있는 경우도 있다. 어느 해에는 이동하고 또 어느 해에는 이동하지 않는 새들도 있다. 예컨대 겨울철새 멋쟁이새는 북쪽 지역에 먹이가 풍부하면 우리나라로 내려오지 않고 그곳에서 그냥 겨울을 나기도 한다.

우리나라를 통과하는 유리딱새가 외연도 물가에서 먹이를 찾다가 잠시 쉬고 있다.

철새의 이동에 관해 흥미로운 게 많다. 예컨대 캘거리대학의 조사 결과를 보면 흰올빼미 어린 수컷이 가장 남쪽으로 이동하고, 어른 암컷은 가장 북쪽에 머문다는 사실이 밝혀졌다. 재갈매기의 경우 나이가 많을수록 이동거리가 점점 더 짧아진다는 것도 드러났다. 어떤 철새의 경우 어린 새가 어른 새보다 훨씬 더 멀리 이동한다는 게 밝혀졌다. 몸집이 큰 어른 새가 일정지역을 차지하고 나면 힘이 약한 새끼들은 그보다 더 멀리 날아갈 수밖에 없을 것이다.

폴 컬린저의 《세계의 철새 어떻게 이동하는가?》 27쪽에 나오는 내용이다.

우리나라에서 월동하는 겨울철새 비오리. 겨울철새 중에서 봄에 비교적 늦게 북쪽으로 돌아간다.

영국의 생물학자인 데이비드 랙의 주장이다.

새들의 이동에는 여전히 수수께끼가 많지만 확실한 건 있다. 이동에 드는 비용에 비해 이득이 확실하면 새들은 기꺼이 이동한다는 점이다. 사람들이 확실한 이득이 보장되는 사업이라면 기꺼이 투자하는 것과 다르지 않은 이치다. 그런 걸 보면 새들이 상당히 경제적인 동물인 것 같다.

부리의 비밀

우리나라 새 가운데 가장 독특한 솔잣새의 부리. 윗부리와 아랫부리가 서로 어긋나 있다.

새의 부리는 참 흥미롭다. 모양이 다양하고 재미있기 때문이다. 부리의 모양은 새의 숫자만큼이나 많다. 새의 날개는 앞발이 진화한 결과다. 사람의 양팔에 해당하는 앞발이 날개로 바뀌어 버렸으니, 부리는 더 많고 중요한 일을 맡을 수밖에 없었을 것이다.

부리를 보고 알 수 있는 것들

부리의 모양을 나타내는 영어 낱말을 보자. 새의 부리가 대체적으로 어떤 모양인지, 어떤 기능을 하는지 알 수 있다. 긴(long) 부리와 짧은(short) 부리가 있다. 검은머리물떼새나 마도요처럼 긴 부리가 있는가 하면, 붉은머리오목눈이나 오목눈이처럼 짧고 뭉툭한 부리가 있다. 검

Olin Sewall Pettingill, Jr.의 《조류학》 49~50쪽에 나온다.

은머리물떼새나 마도요는 갯벌 깊숙이 부리를 넣고 게나 조개를 꺼내 먹는다. 부리가 길어야 유리하다.

황조롱이나 독수리 같은 맹금류의 특징을 보여주는 갈고리(hooked) 모양이 있는데, 맹금류가 아닌 텃새 때까치도 그런 모양이다. 갈고리 모양이어야 살코기를 뜯어 먹을 수 있다. 때까치도 덩치는 작아도 갈고리 부리로 쥐나 도마뱀, 새를 잡아먹는다. 부리 끝이 휘어지고 교차한(crossed) 것도 있다. 되새과의 솔잣새가 그렇다.

오리는 넓적한(depressed) 부리의 대표다. 흔히 볼 수 있는 흰뺨검둥오리나 청둥오리의 부리인데, 오리과가 다 그런 모양인 건 아니다. 오리들은 의외로 부리가 다양하다. 넓적부리는 삽(shoveler) 모양이다. 부리가 길고 삽처럼 생겨 생긴 이름이다. 톱니(serrate) 모양의 부리도 있다. 비오리가 그렇다. (흰뺨검둥오리도 부리를 자세히 들여다 보면 톱니가 돋아나 있다.) 톱니 덕분에 한번 잡은 물고기는 여간해선 놓치는 법이 없다.

도요새 가운데 부리가 약간 휘어진 녀석들이 있다. 큰뒷부리도요나 뒷부리도요처럼 위로 휘어진(recurved) 부리가 있는가 하면, 마도요나 알락꼬리마도요처럼 아래로 심하게 휘어진(decurved) 부리도 있다.

부리가 위로 휘어진 뒷부리도요. 봄, 가을에 우리나라를 지나는 나그네새.

독수리의 갈고리 부리. 고기 살점을 뜯어 먹기에 알맞은 부리다.

가장 재미있게 생긴 부리는 주걱 모양(spoon-shaped)이다. 저어새와 노랑부리저어새가 대표적이다. 기다란 부리는 꼭 주걱처럼 생겼는데, 그 부리를 좌우로 저으면서 물고기를 사냥한다. 아주 작고 앙증맞은 넓적부리도요도 주걱 모양이다.

예민한 부리로 둥지를 짓는 중대백로

경기도 고양에서 백로 번식지를 관찰할 때였다. 마침 중대백로가 둥지를 짓기 시작했다. 한 마리는 둥지를 맡고, 다른 한 마리는 재료를 구해 오고 있었다. 재료라고 해봐야 마른 나뭇가지에 불과하지만. 아주 기다란 나뭇가지를 가져오면 그걸 받아 둥지를 엮는다. 모든 작업은 부리 하나로 다 한다. 50cm가 넘는 기다란 나뭇가지를 부리로 물어 둥지

중대백로가 부리로 둥지를 짓고 있다.

에 끼워 넣는데, 그게 마땅찮으면 부리로 다시 꺼내 이리저리 맞춰본다. 나무 아래에선 중대백로보다 작은 중백로 한 마리가 부리로 나뭇가지로 물었다, 놨다 하면서 괜찮은지 살펴본다. 부리의 감각이 우리가 상상하는 것보다 훨씬 예민하다는 걸 알 수 있다.

다이빙해서 물고기를 잡는 펠리컨. 아랫부리의 주머니에 사냥감을 담아 삼킨다.

실제 야생 흰뺨검둥오리 삐삐이와 함께 살면서 가장 놀라웠던 건 바로 부리였다. 무엇보다 부리의 온도가 높은 것에 놀랐다. 오리가 본능적으로 부리를 깃털에 꽂는 습성이 있긴 해도, 그렇게 따뜻할 줄은 몰랐다. 아니, 오리 부리는 따뜻하

주걱 모양의 부리를 좌우로 저어 미꾸라지를 낚아채고 있는 저어새.

다기보다 '뜨겁다'라고 표현하는 게 맞다. 부리의 감각도 남달랐다. 그래서인지 삐삐이는 신기하게도 부리 만져주는 걸 좋아했다.

새들의 부리에 대해 알면 알수록 궁금증이 꼬리에 꼬리를 물고 이어진다. 셀 수 없이 많은 부리 종류(오스트레일리아에 살고 있는 알 낳는 포유류를 제외한다면 조류를 '부리 동물'로 부를 수도 있다.)와 기능은 온통 수수께끼이다.

요제프 H. 라이히홀프의 《자연은 왜 이런 선택을 했을까》 90~94쪽에 나오는 내용이다.

검은머리물떼새의 기다란 부리는 갯벌 속 먹잇감을 잡는 데 유리하다.

오리과에서는 드물게 산속 계곡에서 생활하며 도토리를 좋아하는 원앙의 부리.

긴꼬리딱새는 날아다니면서 날벌레를 잡아먹는다. 기다란 부리로는 쉽지 않은 일이다.

멋쟁이새는 부리로 병꽃나무나 산초나무 열매를 잘 쪼아 먹는다.

호반새는 부리로 개구리나 쥐를 물어온다. 부리가 얼굴보다 큰 편이다.

흰뺨검둥오리의 넓적한 부리. 부리에 톱니가 돋아 있다.

후투티의 기다란 부리. 땅속 깊숙이 있는 땅강아지 사냥에 적합한 모양이다.

붉은머리오목눈이의 짧고 뭉툭한 부리. 덤불 근처에 몰려다니며 곤충, 거미를 주로 먹는다.

갈고리 부리로 쥐나 새, 도마뱀 등을 사냥하는 때까치.

콩새는 큰 부리로 민들레나 단풍나무 씨앗 등을 잘 먹는다.

길고 뾰족한 장다리물떼새의 부리. 물속에 부리를 넣고 물고기나 벌레를 사냥한다.

멧비둘기 새끼의 부리. 어미가 토해 주는 피존밀크를 먹도록 부리가 빨대처럼 생겼다.

형제끼리 죽이는 새들

형제를 잔인하게 쪼아 죽인 뒤의 백로 둥지.
아무런 일도 일어나지 않은 것처럼 평화롭다.

    어렸을 적에 두 살 터울인 형과 유난히 자주 싸웠다. 그럴 때면 아버지가 조용히 방에 들어 오셨다. 허리에 찬 혁대를 조금 빼 보이면서. 우리 형제는 아버지의 혁대를 무서워했다. 우리는 약속이나 한 듯 "아버지, 아무것도 아녜요." 하며 즉흥 연기로 위기를 모면했다. 아버지는 단 한번도 혁대를 빼서 우리에게 휘두른 적은 없었지만, 그 혁대가 우리 형제의 싸움을 잠재운 건 분명하다. 우리 형제는 다칠 만큼 치고 박으며 싸운 것도 아니었다. 그저 으르렁거리며 동물적 순위나 우열을 잠시 확인해 보는 정도였다.

    새둥지를 관찰하다 보면 새끼들의 삶을 엿보게 된다. 꼬마물떼새나 오리 같은 물새들은 알에서 깨어나면 곧바로 먹이를 찾도록 진화했다.

실제로 꼬마물떼새 새끼들은 깃털이 마르면 곧바로 둥지를 떠나기 바쁘다. 흰뺨검둥오리 새끼들도 비슷하다. 알에서 먼저 깨어난 새끼들은 다른 형제들이 알을 깨고 나올 때까지 기다리는 게 고작이다. 새끼들은 깃털이 마른 뒤 물에 들어가서는 엄마의 지시에 따라 일사불란하게 움직일 뿐이다. 형제끼리 서로 으르렁거리며 싸움질할 여유도 없다.

먹이를 둘러싼 새끼 백로들의 전쟁

몇 년 전 6월이었다. 경기도 장호원에서 백로를 관찰할 때였다. 장호원 야산은 해마다 백로들이 둥지를 트는 곳으로, 산기슭 위에서 백로 둥지를 내려다볼 수 있는 우리나라에서 몇 안 되는 백로 탐조 명소다. 그곳에는 주로 중대백로와 왜가리가 많고 쇠백로와 해오라기도 볼 수 있다.

어느 날 아침 개천을 다녀온 백로 어미가 물고기를 토해 주려고 했다. 새끼 네 마리가 와락 달려들었다. 먹이 앞에서는 한 치의 양보도 없다.

개천에서 물고기를 사냥해 돌아오는 중대백로 어미.

마치 이번에 못 먹으면 끝장이라는 비장한 심정으로 부리를 치켜 올리며 형제들끼리 몸싸움을 벌였다. 어미는 맏이로 보이는 새에게 먹이를 토해 주었고, 맏이는 어미한테 먹이를 받아먹기 시작했다. 동생들은 부러운 듯 보다가 이내 고개를 떨구었다.

그때였다. 셋째로 보이는 새끼가 둥지 귀퉁이에 있는 막내한테 성큼성큼 다가갔다. 막내한테 "배고파도 우리 좀 참자. 다음엔 우리 차례가 될 테니."라며 위안이라도 해주는 줄 알았다. 허, 그게 아니었다. 셋째는 부리로 막내를 쪼아대기 시작했다. 그건 형제끼리 하는 일상적인 싸

움이 아니었다. 백로 부리는 엄청 날카롭다. 예부터 써왔던 뾰족한 창이나 다름없다. 셋째는 날카로운 창으로 막내동생 머리를 사정없이 내리찍은 거나 다름없었다. 콕콕콕! "형, 왜 이래? 제발 이러지 마!" 막내는 비명을 지르는 것 같았다. 몸을 돌려 피하려고 했다. 그럴수록 셋째는 뒤따라가서 더 무섭게 공격했다.

둥지 한쪽에 있던 어미는 무덤덤했다. 마치 딴 동네 아이들 싸움질하는 거 대하듯 별 관심도 없다. 싸움을 말리기는커녕 아예 먼 산 바라보며 딴청이다. 옆에 있던 형제들도 한가로이 깃털을 다듬는다.

머리를 얻어맞은 막내가 둥지 반대편으로 도망치듯 기어갔다. 그건 완전 항복의 뜻이었다. 그럼에도 셋째는 그걸로 만족하지 않았다. 고개 숙이고 있는 막내의 머리를 다시 내리찍었다. 이번엔 끝장을 내려는 듯 머리를 뒤로 젖히고 있는 힘을 다해 내리찍었다. 카운터펀치였다. 퍽퍽! 마치 "너같은 놈은 죽어야 해."라고 외치는 것 같았다. 그건 분노의 폭발이었다. 막내는 완전히 고꾸라졌다.

막내는 결국 10미터 높이의 소나무 둥지에서 떨어졌다. 이 백로들의 형제 죽이기 사건이

되지빠귀 새끼들도 형제끼리 먹이싸움은 하지만 형제를 해치는 일은 결코 없다.

터진 뒤에도 둥지를 계속 관찰했다. 놀랍게도 아무렇지도 않은 듯 일상생활이 이어졌다. 어미는 평상시처럼 먹이사냥을 해와 컥컥거리며 새끼들에게 토해주었고, 그 뒤 둥지에서는 더 이상의 비극이 일어나지 않았다.

마티 크럼프의 《감춰진 생물들의 치명적 사생활》 94~99쪽에 나온다.

제비꼬리솔개, 왜가리의 형제 죽이기

리하르트 게르하르트라는 학자가 조사한 제비꼬리솔개의 형제 죽이

형제 죽이기는 백로과의 왜가리 세계에서도 자주 벌어진다.

기는 내가 관찰했던 백로의 사례처럼 고약하다. 미국에서 남아메리카까지 널리 퍼져 있는 제비꼬리솔개는 알을 두 개만 낳는데, 어미는 새끼를 한 마리만 키우는 새다. 이 솔개는 알을 하나 낳고는 곧바로 품는다. (일반적으로 새들은 하루 한 개씩 여러 날에 걸쳐 알을 다 낳고난 뒤 한꺼번에 알을 품는다.) 며칠 뒤 두 번째 알을 낳으니, 부화에 차이가 날 수밖에 없다. 여기서 문제가 터진다. 먼저 알에서 깨어난 맏이는 뒤늦게 깨어난 동생을 부리로 쪼아댄다. 심지어 새한테 아주 중요한 부위인 날개까지 물어뜯는다. 맏이의 공격을 모를 리 없는 부모는 과연 어떤 행동을 할까? 부모는 맏이를 말리기는커녕 죽은 동생을 태연하게 내다 버리기까지 한다.

새들이 형제끼리 죽고 죽이는 행동은 대체로 먹이가 넉넉지 못할 때 벌어지는 것 같다. 아우를 죽여 없애거나 어미에게 먹이 요구를 못하는 상태로 만들어 버림으로써 형은 더 많은 이득을 얻을 수 있다. 형제 죽이기는 왜가리 세계에서도 흔한데, 심지어 먹이가 풍부할 때도 먼저 태어난 새끼가 동생을 가차 없이 공격하는 사례도 보고되었다. 셋째 백로

브리짓 스터치버리의 《암컷은 언제나 옳다》144~145쪽에 나온다.

가 바로 그랬다. 막내를 없앰으로써 자신에게 돌아오는 먹이의 양을 늘리려고 했던 것 같다.

그런데 제비꼬리솔개의 형제 죽이기는 좀 이해하기 어렵다. 처음부터 알 하나만 낳고 한 마리만 키우면 그만인데 말이다. 그 점에 대해 둘째 새끼는 보험 같은 존재라는 것이다. 첫째라고 끝까지 잘 살아남으라는 법이 없기 때문이다. 만일 첫째가 잘못되었을 때 자연스레 둘째가 그 자리를 대신한다. 그건 다시 알을 낳아 새로 시작하는 것보다 손쉽고 경제적이다.

이따금 다 자란 우리집 딸내미들도 눈에 불을 켜고 싸울 때가 있다. 그렇다고 폭력을 쓰는 일은 없다. 그저 자신의 의견을 관철시키고 싶을 뿐인 거다. 아니면 힘의 우열을 가려보고 싶은 동물적 본능이 작용하는지도 모른다. 그런데도 딸내미들의 목소리가 커지면 슬며시 다가간다. 물론 예전 나의 아버지처럼 가죽혁대를 빼는 것도 아니다. 그저 딸들의 싸움이 벌어지면 장호원 백로 사건이 떠오르기 때문이다.

흰뺨검둥오리 새끼들은 알에서 깨어나면 스스로 먹이를 찾아 먹는다. 형제끼리 갈등은 없다.

신화와 성서에 나오는 형제 죽이기

로마 신화에 나오는 아물리우스. 그는 형의 왕위를 빼앗고, 형의 외동딸인 레아 실비아가 아들을 낳지 못하게 무녀가 되도록 한다. 혹여라도 아들을 낳으면 왕의 자리를 빼앗길 수 있으니까. 하지만 레아 실비아는 군신 마르스와 사랑을 나누게 되고 쌍둥이를 낳는다. 그 쌍둥이가 바로 로물루스와 레무스다.

아물리우스는 쌍둥이를 강에 내던져 버리라고 명령한다. 그런데 쌍둥이는 운 좋게도 늑대의 눈에 띄어 살아남게 된다. 로물루스와 레무스는 성인이 되어 어머니에 대한 얘기를 듣게 되었고, 결국 원수인 아물리우스를 죽여 어머니의 복수를 하기에 이른다.

그 뒤 불행이 찾아왔다. 로물루스와 레무스는 누가 왕이 될지를 두고 싸우기 시작한 것이다. 결국 하늘로 날아가는 새가 어디로 가는지를 두고 누가 왕이 될지를 결정하기로 했다. 처음에는 여섯 마리의 새가 레무스가 가리키는 곳으로 날아갔는데, 곧 열두 마리의 새가 로물루스가 가리킨 쪽으로 날아갔다. 둘은 합의점을 찾지 못하고 싸우게 되었고, 로물루스가 동생 레무스를 죽이기에 이른다.

성서에도 형제 죽이기가 등장한다. 카인과 아벨 이야기다. 카인은 농부, 아벨은 양치기로 살아간다. 카인은 농사지은 밀을 하느님에게 제물로 바쳤고, 아벨은 맏배 양과 굳기름을 바치게 되었다. 그런데 하느님은 아벨의 제물을 더 좋아했다. 카인은 화가 나서 아우인 아벨을 들판으로 데리고 가서 죽이고 말았다.

둥지를 둘러싼 싸움

구멍둥지를 파고 있는 청딱따구리. 딱따구리 구멍둥지는 산새들이 재활용하기 때문에 생태적으로 가치가 높다.

새들은 알을 낳는다. 그 알은 일정 기간 따뜻하게 품어 주어야 새끼가 깨어 나온다. 새 둥지가 중요할 수밖에 없는 까닭이다. 새들은 자신들의 둥지를 본능적으로 감추려고 한다. 둥지 위치가 드러나면 언제든 천적에게 공격당할 수 있기 때문이다.

딱따구리 둥지를 차지하기 위한 경쟁

새 둥지 얘기가 나올 때마다 텃새 딱따구리에게 칭찬을 아끼지 않게 된다. 숲에서 딱따구리만큼 중요한 새도 없다. 딱따구리 둥지 때문이다. 딱따구리는 하루에 8천~1만 2천 번가량 쪼아 둥지를 만드는데, 무려 2주나 걸린다고 한다. 딱따구리가 살았던 구멍둥지는 다른 새들의

황보연 님의 《우리 숲의 딱따구리》 14쪽에 나온다.

차지가 된다. 박새와 곤줄박이, 동고비가 있고 파랑새에 소쩍새, 큰소쩍새, 심지어 오리과의 원앙까지 딱따구리 구멍둥지를 재사용하는 새는 셀 수 없이 많다. 그 많은 새들이 자신들의 부리 한번 힘들게 쓰지 않은 채 구멍둥지를 사용하는 것이니, 딱따구리의 은혜를 잊어서는 안 된다.

새들은 딱따구리 둥지를 차지하려고 치열하게 싸운다. 한정된 공간에 딱따구리 구멍둥지가 많지 않아 벌어지는 일이다. 작년 봄 홍천의 한 야산에서는 파랑새와 원앙이 은사시나무 구멍둥지를 놓고 끝없이 싸움을 벌였다. 딱따구리 둥지는 그만큼 안전하기(물론 높이에 따라 뱀의 공격을 받기도 하지만) 때문이다. 비바람을 가려주어 추위에 약한 새끼들이 따뜻하게 지낼 수도 있으니 그야말로 최고의 둥지이다.

동고비는 딱따구리 둥지를 사용하되, 입구를 리모델링하는 새다. 딱따구리가 쓰던 구멍이 너무 크다고 여기는지, 구멍 입구를 진흙으로 좁힌다. 동고비의 그러한 습성은 인공둥지에서도 드러난다. 인공둥지의 큰 입구도 일일이 진흙을 물어와 좁게 메운다. 천적 방어의 본능이다.

구멍 둥지를 쓰는 새는 딱따구리 말고도 또 있다. 바로 청호반새다. 청호반새는 흙으로 된 낭떠러지 중간에 구멍을 뚫어 알을 낳고 새끼를 친다. 청호반새 둥지는 벼랑 높은 곳에 있어서 들짐승이 접근할 수가 없다. 설령 뱀이 올라간

딱따구리 둥지를 차지한 쇠박새가 둥지를 청소하고 있다.

딱따구리 둥지 입구를 진흙으로 메운 동고비의 리모델링 둥지. 한창 새끼를 키우는 중이다.

자갈밭의 흰목물떼새 둥지. 개천이 넘쳐 알이 떠내려갈 수도 있고, 초여름의 낮에는 햇볕 때문에 그늘을 만들어 주어야 한다.

계곡 바위에 틀어놓은 물까마귀 이끼 둥지. 입구를 좁게 함으로써 새끼들이 따뜻하게 지낼 수 있지만, 어미는 힘겹게 바위에 올라가야 한다.

딱따구리 둥지에서 성장한 큰소쩍새 새끼. 둥지를 떠나기 직전이다.

다 해도 소용없다. 청호반새는 뱀을 잡아 새끼들에게 먹이니까 말이다.

잘 보이는 호랑지빠귀 둥지

새들은 둥지의 위치가 드러나지 않도록 은밀한 곳에 둥지를 튼다. 그러다 보니 5월이 되어 나무 이파리가 충분히 자란 뒤에 둥지를 튼다.

그런데 여름철새 호랑지빠귀는 좀 특이한 경우다. 호랑지빠귀는 참나무나 밤나무 또는 소나무의 갈라진 줄기에 둥지를 트는데, 사방에서 훤히 들여다보인다. 호랑지빠귀는 자신의 둥지를 과시하듯 드러내 놓고 있는 것이다. 그래서인지 호랑지빠귀 둥지는 천적한테 자주 털린다. 알 품기 때뿐만 아니라, 새끼들이 알에서 깨어난 뒤에도 자주 공격당한다.

한번은 고양이한테 새끼들을 잃은 호랑지빠귀 부부가 장소를 옮겨 다시 둥지를 틀었는데, 놀랍게도 6미터 높이였다. 그건 내가 관찰한 호랑지빠귀 둥지 중에서 가장 높았다. 고공 둥지를 튼 덕분인지 호랑지빠귀 새끼 네 마리는 모두 무사히 둥지를 떠나갔다. 하지만 2주 가까이 하루 수십 차례씩 지렁이를 물고 그 높은 곳을 오르락내리락했던 어미 고생은 이루 말할 수 없었으리라.

호랑지빠귀는 둥지 자체도 좀 특이하다. 호랑지빠귀는 둥지 안에 솔잎을 깔고 둥지 겉은 반드시 이끼로 덮는다. 보통 같은 종끼리도 둥지 재료를 쓰는 데는 약간씩 차이가 있지만 호랑지빠귀는 대부분 솔잎과 이끼를 쓴다.

이끼는 새들이 둥지를 틀 때 많이 쓰는 재료다. 보온성이 뛰어나기 때문이다. 박새나 곤줄박이가 인공둥지에서 번식할 때 보면 바닥에 엄청난 양의 이끼를 깐다. 얼마나 많은 양의 이끼를 물어 왔으면 알에서 갓 깨어난 새끼들이 이끼에 파묻힐 정도이니 말이다.

긴꼬리딱새는 그에 비해 상당히 적은 양의 이끼로 그릇 둥지를 만든

가느다란 나뭇가지에 이끼 둥지를 틀어 새끼를 치는 긴꼬리딱새.

다. 그 둥지는 얼마나 작은지 새끼들이 다 자라면 떨어질까봐 걱정이 될 정도다. 꾀꼬리 둥지도 작기는 마찬가지다. 꾀꼬리는 새끼들이 둥지 떠날 무렵 둥지 옆구리가 터져버려, 새끼가 떨어져 추락사로 죽기도 한다. 작고 엉성한 둥지가 그 원인이다.

쉽게 둥지를 트는 물새들

마른 풀뿌리나 줄기, 이끼를 구해 힘겹게 둥지 트는 산새와 달리, 물떼새들은 크게 고생하지 않는다. 꼬마물떼새나 흰목물떼새는 개울 자갈밭에 조금 움푹 드러난 곳만 찾으면 되니 말이다. 그런 자리에다 알을 낳고 품어주면 그뿐이다. 사방이 훤히 보여도 물떼새들의 알이 워낙 보호색이 뛰어나 찾을 수도 없다. 설령 개나 고양이, 사람이 닥친다 해도 날개를 다친 척하며 다른 곳으로 유인하는 실력이 뛰어나기 때문에 알을 잃어버리는 일은 거의 없다.

흙으로 된 벼랑에 만든 구멍둥지에 들어갔다 나오는 청호반새.

물새들에게는 대신 다른 문제가 있다. 바로 비다. 봄철은 시기적으로 비가 많이 오지 않는다. 하지만 최근에는 장담할 수가 없다. 시도때도 없이 비가 오기 때문이다. 몇 년 전에는 봄철 폭우 때문에 관찰하던 꼬마물떼새 알들이 휩쓸려 가기도 했다. 시화호에서는 쇠제비갈매기와 꼬마물떼새, 흰물떼새는 물론 천연기념물 검은머리물떼새 알까지 물에 잠겨 그 지역 번식이 끝난 적도 있다. 그러니 물떼새들에게 가장 큰 적은 자연인 셈이다. 물떼새들도 더 높은 곳에 둥지를 틀면 좋을 텐데, 새들의 마음은 정말 알 수가 없다. 아슬아슬한 자리에 알을 낳거나 아니면 큰 비 한번 오면 떠내려가 버리는 곳에 둥지 자리를 잡으니 말이다.

둥지 얘기가 나오면 꼭 짚고 넘어갈 새가 있다. 바로 뻐꾸기다. 뻐꾸기는 자신의 둥지를 따로 틀지 않고 다른 새에게 알을 맡긴다. 주로 붉은머리오목눈이와 산솔새, 휘파람새가 그 대상이다. 붉은머리오목눈이 둥지에 낳은 뻐꾸기 알은 먼저 부화한다. 눈도 못 뜬 새끼는 본능적으로 붉은머리오목눈이 알 또는 갓 태어난 새끼를 둥지 밖으로 밀어서 떨어뜨린다. 이때부터 뻐꾸기 새끼는 먹이를 독차지하며 빠르게 성장한다. 뻐꾸기의 노랫소리를 계속 들으면서 말이다.

뻐꾸기가 그 많은 붉은머리오목눈이 둥지에 탁란을 해도 희한하게도 붉은머리오목눈이 숫자가 확 줄어드는 건 아니다. 붉은머리오목눈이는 여전히 많이 몰려다닌다. 그렇다고 엄청난 숫자의 알을 남의 둥지에 맡겨서 번식하는 뻐꾸기가 크게 늘어나는 것도 아니다.

새들의 둥지를 보면 각자 형편껏 살아간다는 느낌이 든다. 작으면 작은 대로 소리 없이 자신의 분수대로 살아가는 것 같다. 남이 뭘 하든 자신한테 맡겨진 유전자의 지시에 따라 살아가는 것이다. 더 넓은 집을 원하는 사람과 달리 새끼들이 다 크면 아낌없이 그 집을 버리고 떠난다.

새들은 왜 알을 낳을까?

새가 알을 낳는 건 체온과 밀접한 관계가 있다. 새의 체온은 40~42도나 된다. 사람으로 치자면 목숨이 위태로울 정도로 높은 체온이다. 그렇게 체온이 높은데도 새가 멀쩡하게 살아갈 수 있는 건 조류의 호흡방식이 우리 사람과 완전히 다른 데다 몸에 공기주머니가 있기 때문이다. 다시 말해 새의 몸 안에는 아주 훌륭한 냉각장치가 있는 셈이어서, 온몸이 깃털로 감싸 있어도 고열로 죽지 않는다.

문제는 새의 알이다. 계속해서 고온이 유지되는 상태에서 새는 몸 안에 알을 키울 수가 없다. 즉 몸속에서 알을 부화하기 위해서는 체온을 37도로 낮추어야 하는데, 고열로 살아가는 새한테는 불가능한 얘기다. 결국 새가 알을 낳도록 진화한 건 새에게 주어진 환경에서 최선의 선택을 한 셈이다.

요제프 H. 라이히홀프가 지은 《자연은 왜 이런 선택을 했을까》에 나온다.

가락지와 날개 표지

미국 마이애미동물원에서 몽골을 방문, 윙 태그를 달아 준 독수리가 우리나라에 왔다.

새들의 흥미로운 이동경로는 인공위성 추적장치나 날개, 다리에 단 표지를 통해 밝혀지고 있다.

날개 표지로 알게 된 독수리의 이동경로

어느 추운 겨울날이었다. 독수리 수백 마리가 철원 벌판에 모여들었다는 소식이 날아왔다. 철원 벌판에 들어서자 독수리 몇 마리가 하늘 높이 기류를 타고 있었다. 독수리 무리는 대부분 철원의 한 식당 앞에 몰려 있었다.

잠시 뒤 식당 주인이 고기 부산물 자루를 가지고 나왔다. 벌판에 흩어져 있던 독수리들이 모여들었다. 하늘에서 비행하던 독수리들도 미끄러

지듯 내려와 앉는다. 식당 주인이 고기 찌꺼기를 내던지자 거대한 독수리들이 달려들었다. 힘센 녀석들은 어른 주먹만한 고기찌꺼기를 한입에 삼켰다. 고깃덩어리를 하나라도 더 먹으려고 싸움까지 벌어졌다. 고기찌꺼기 한 자루가 눈 깜짝할 사이에 없어졌다. 독수리한테는 그야말로 간에 기별도 안 가는 양이었다.

고기를 먹고 난 독수리들은 논둑에 늘어서서 햇볕을 쬐었다. 그런데 독수리 날개에 숫자가 보이는 게 아닌가. 한 녀석은 녹색바탕에 숫자 6이, 또 한 녀석은 하얀색 바탕에 65라는 고유번호를 적은 날개 표지인 '윙 태그'를 하고 있었다. 이튿날 아침 국립생물자원관에 독수리 사진을 보내 주었다.

국립생물자원관에서는 날개 표지만으로 불과 몇 시간 만에 두 마리 독수리의 정확한 정보를 알아냈다. 그 독수리들은 2년 전 몽골에서 날개 표지를 달아 준 녀석들이었다. 날개 표지를 달아 준 사람들의 정보도 있었다. 미국 마이애미동물원 연구원들이었다. 미국 동물원 관계자가 몽골을 방문했다가, 야생 독수리 새끼들에게 날개 표지를 달아 준 것이었다. 독수리들이 겨울을 나러 몽골에서 우리나라를 찾아왔을 때 날개 표지를 한 새끼들이 함께 날아온 것이다.

철원에서 만난 윙 태그 독수리. 몽골에서 날아와 우리나라에서 월동을 한다.

날개 표지 하나로 철새의 이동경로가 파악된 셈이었다.

멸종위기 흰꼬리수리, 후투티 이동경로도 밝혀지다

두 해 전 경기도 이천에서 어린 새가 탈진한 채 구조된 적이 있었다. 흰꼬리수리는 멸종위기 야생생물 I급으로 희귀한 새인데다가, 그동안

인공위성 추적장치로 3천600km의 이동경로가 밝혀진 흰꼬리수리의 비행.

이동경로가 베일에 싸여 있었다. 국립생물자원관에서 인공위성 추적장치를 부착한 다음 날려 보냈다. 1년 뒤 그 흰꼬리수리는 우리나라를 다시 찾아왔다.

흰꼬리수리의 행적을 보면 아주 흥미롭다. 2012년 2월 15일 경기도 이천에서 날려준 뒤 4월 6일부터 북쪽으로 이동해 갔다. 흰꼬리수리는 북한과 러시아 연해주를 거쳐 8일 동안 무려 1천810km를 날아가서 번식지인 러시아 하바롭스크 아무르강 유역에 도착했다. 흰꼬리수리는 이듬해 겨울 우리나라의 강릉에 도착함으로써 무려 왕복 3천600km에 이르는 이동경로가 드러나게 되었다.

지난해에는 유럽에 사는 한 농부가 해마다 농장에서 번식하는 후투티에게 인공위성 추적장치를 달아 주어 이동경로를 알아내기도 했다. 후투티는 지중해를 건너 아프리카에서 겨울을 나고는 이른 봄 유럽으로 날아왔는데, 정확히 그 농장으로 돌아와서 새끼를 쳤다. 농장으로 돌아온 후투티는 농부를 보자 알아보기라도 한 듯 가까이 다가왔다고 한다. 감동스런 장면이 아닐 수 없었다.

삑삑이의 가락지 번호는 129

어미에게 버림받아 240일 동안 나와 살았던 야생 흰뺨검둥오리 삑삑이도 국립생물자원관에서 다리에 표지 가락지를 끼워 주었다. 빨간 바탕에 하얀색 글씨 129번이다. 지금까지 살아 있다면 삑삑이란 걸 확인해 줄 수 있는 유일한 표지이다. (오리의 다리 가락지는 확인하는 데 시간이 걸

어미한테 버림받아 내가 키웠던 야생 흰뺨검둥오리 삑삑이. 다리에 129번 가락지를 달았다.

고양 백로서식지 파괴사건으로 어미를 잃은 새끼에게 국립생물자원관에서 가락지를 달아 주었다.

린다. 오리들은 오랫동안 물속에서 먹이활동을 하다가 가끔씩 물가로 올라와 쉰다. 뭍에 나올 때까지 몇 시간이고 기다려야 한다.)

서해안 갯벌의 도요새 무리에서도 가끔 가락지를 낀 녀석이 발견된다. 철원지역 두루미나 기러기 중에서도 종종 표지 가락지를 한 새들을 만나기도 한다. 남한산성에서는 지난 몇 년 동안 박새와 쇠박새, 동고비 등 작은 산새들에게 빨강, 노랑 가락지를 끼워 주어 계속 만나고 있다.

가락지나 날개 표지를 한 새들을 보면 여간 반가운 게 아니다. 올해는 또 어떤 새들이 가락지 표지를 한 채 어디서 나타날까 기다려진다. 새 관찰의 즐거움 중 하나이다.

새끼들이 시뻘건 주둥이를 벌리고 있는데
나 몰라라 내팽개치고 사라질 암컷이나 수컷은 없다.
싱글맘, 싱글대디로 살아가는 딱새와 흰눈썹황금새를 보니
그 삶이 여간 눈물겨워 보이는 게 아니다.

〈싱글맘과 싱글대디〉 중에서

새와 사람

싱글맘과 싱글대디
작은 고추가 맵다
놀라운 사냥꾼
동생을 돌보는 새들
새들의 의사소통

4장

싱글맘과 싱글대디

여름철새 흰눈썹황금새. 암컷 없이 홀로 새끼들을 키우고 있었다.

새들의 세계에도 수컷 없이 새끼를 키우는 싱글맘, 암컷 없이 새끼를 키우는 싱글대디가 있다.

싱글맘으로 살아가는 우편함 둥지 속의 딱새
작년 여름이었다. 창녕 우포에서 강연을 마치고 서울로 올라가는데, 사진이 곁들여진 웬 문자 한 통이 날아왔다. 서울의 어느 학교 강연 때 만난 초등학생이었다. '우편함 속에 새가 알을 품고 있어요. 선생님이 좋아하실 것 같아 사진 보내요.'라는 내용이었다. 사진을 보니 역시 딱새였다. 우편함에 둥지를 트는 새라면 열에 아홉은 딱새이기 때문이었다.

아이는 시골 외할머니 집에 놀러왔다가 내게 연락한 것이었다. 단숨에 경북 의성까지 내달렸다. 집에 가 보니 우편함은 마늘창고 벽에 걸려 있었다. 위장막 대신 얼룩덜룩 무늬가 있는 군인들의 비옷인 판초우의를 걸쳐 놓고 새를 기다렸다. 잠시 후 암컷이 들어와 알을 품는다. 몇 시간이 지났다. 그런데 수컷이 안 보이는 게 아닌가. 산새들은 보통 암컷이 알을 품고 있으면 수컷은 둘레에서 망을 보거나 교대로 알을 품어준다. 딱새 수컷은 이튿날도 나타나지 않았다.

일주일 뒤 다시 의성에 내려갔다. 우편함을 열어 보니 그 사이 새끼들이 알에서 깨어났다. 모두 다섯 마리였다. 새끼손가락만 한 새끼들은 먹이 달라고 아우성이었다. 잠시 뒤 어미가 나타났다. 새끼가 태어났으니 어미는 더욱 긴장한 기색이었다. 어미는 날벌레를 사냥해서 우편함 속으로 들어갔다. 물론 그때까지 수컷은 단 한번도 나타나지 않았다. 딱새 암컷은 싱글맘으로 살아가고 있었다.

남이섬의 흰눈썹황금새 싱글대디

얼마 뒤 가평 남이섬에 올빼미 새끼가 둥지에서 나왔다는 연

딱새 암컷이 시골집의 우편함에 둥지를 틀었다.

우편함에서 태어난 딱새 새끼 다섯 마리가 잠자고 있다.

먹잇감을 잡아온 뒤 우편함 앞에서 둘레를 살펴보는 딱새 암컷.

락이 왔다. 첫 배를 타고 섬에 들어갔는데, 이미 사진가 수십 명이 진을 치고 있었다. 하지만 많은 사람들이 몰려들자 올빼미 새끼는 어미의 신호에 따라 나무 꼭대기로 올라가 버렸다.

흰눈썹황금새가 해마다 둥지 트는 곳으로 자리를 옮겼다. 흰눈썹황금새는 반갑게도 번식 중이었다. 곧 수컷이 나타났다. 수컷은 벌레 한 마리를 물고 둥지 나무 앞에 모습을 드러냈다. 흰눈썹황금새는 꼬리를 바짝 치켜 올렸다. 신경이 예민해져 있다는 뜻이다. 흰눈썹황금새는 쉬지 않고 먹이를 날랐다. 바닥에서 날벌레를 낚아채기도 하고, 이파리에 붙어 있는 벌레도 사냥해 왔다. 그런데 암컷이 보이지 않았다. 저녁 무렵이 되어도 암컷은 나타나지 않았다. 이튿날 다시 왔을 때도 암컷은 보이지 않았다.

내가 몇 년 전 관찰했던 여름철새 되지빠귀는 새끼들이 모두 둥지를 떠난 뒤에 암컷이 사라졌다. 한동안 둥지 떠난 새끼들을 먹여 살려야 하는데 말이다. (새끼들은 둥지를 떠났다고 어미와 헤어지

흰눈썹황금새 수컷이 땅바닥에서 벌레를 잡고 있다.

다람쥐도 둥지털이를 하는 동물이니, 흰눈썹황금새가 예민하게 공격했을지 모른다.

둥지를 떠난 멧비둘기 새끼. 새끼가 둥지를 떠난 뒤에도 어미가 한동안 보살펴 주기 때문에 함부로 데려와서는 안 된다.

고 홀로 살 수 있는 게 아니다. 한동안 어미가 잡아주는 먹이를 얻어 먹으며 서서히 독립 준비를 한다. 그래서 봄철 어린 새끼를 함부로 데려와서는 안 된다. 둘레에 어미가 지켜보고 있다고 봐야 한다.) 새끼들이 둥지를 떠나는 이소 뒤에 암컷이 없어진 까닭은 정확히 알 수 없지만, 암컷이 마지막 순간까지 새끼를 키운 건 사실이다.

그런데 딱새와 흰눈썹황금새의 경우는 좀 다르다. 새끼들이 둥지를 떠나기도 전에 짝이 사라진 것이다. 대체 그 짝들은 어디로 갔을까? 혹시 이혼이라도 한 걸까? 아니면 천적에게 사고라도 당한 걸까?

이유는 알 수 없어도 새끼들이 시뻘건 주둥이를 벌리고 있는데 나 몰라라 내팽개치고 사라질 암컷이나 수컷은 없다. 싱글맘, 싱글대디로 살아가는 딱새와 흰눈썹황금새를 지켜 보니 그 삶이 여간 애처로워 보이는 게 아니다. 새들은 해 뜰 무렵부터 해 질 때까지 단 한 순간도 쉬지 못한 채 그 많은 새끼를 먹여 살리고 있으니 말이다. 싱글맘과 싱글대디를 보는 시선은 달라졌어도, 역시 혼자서 애들 키우며 살아가는 건 새나 사람이나 만만한 일이 아니다.

새들의 이혼에 대해선 브리짓 스터치버리의 《암컷은 옳다》에 자세히 나온다.
마티 크럼프의 《감춰진 생물들의 숨겨진 사생활》 31쪽에는 새들의 혼인관계 지속기간 조사 결과가 나온다. 제프리 블랙이 조사한 바에 따르면 2천 618마리의 흑기러기 중 65%가 평생 한 짝하고만 살고, 그 관계는 평균 8년 동안 지속된다.

딱따구리 구멍둥지에서 새끼를 키우는 새 중의 하나인 흰눈썹황금새.

작은 고추가 맵다

천적이 다가오는지 꼬마물떼새가 목을 쭉 빼서 지켜보고 있다.

초등학교 때 아주 작은 친구가 전학해 왔다. 워낙 키가 작아 우리는 그 친구를 '땅꼬마'라고 놀렸다. 그해 가을 운동회가 열렸을 때 그 친구가 출전했다. 모두 깔깔거리고 비웃었는데, 그 친구가 결승까지 올라가는 게 아닌가. 물론 결승전 상대는 만만한 상대가 아니었다. 장대 키에 씨름꾼이었다. 우린 싸울 것도 없다고 지레짐작했는데, 놀랍게도 땅꼬마가 우승을 했다. 땅꼬마는 키는 작았어도 대단한 녀석이었다. 우린 그 친구를 우러러보지 않을 수 없었다.

덩치 큰 멧비둘기를 물리친 꼬마물떼새의 위력

경기도 오포에서 여름철새 꼬마물떼새를 관찰할 때였다. 5월 하순에 갑자기 날씨가 무더워졌다. 가뭄이 심해지자 산새들도 개울까지 내려와서 물을 마시고 돌아갔다. 어치도 왔고, 까치도 와서 목을 축였다. 곧이어 멧비둘기도 날아왔다. 멧비둘기는 물가에 자주 오던 녀석이었고, 평소에 꼬마물떼새와 별다른 마찰도 없었다.

꼬마물떼새가 씩씩거리며 달려왔다. 한눈에 봐도 잔뜩 화가 난 표정이었다. "당장 여기서 나가!"라고 하듯이 꼬마물떼새가 소리 지르며 다가섰다. 멧비둘기는 눈 하나 깜빡 안 했다. 꼬마물떼새는 덩치로 보면 멧비둘기한테 비교도 안 되었으니까 말이다. 멧비둘기는 귀찮다는 듯 무시해 버렸다. 만날 와서 물 마시고 가는데 오늘 따라 왜 시비를 거느냐는 표정이었다. 그때였다. 꼬마물떼새가 멧비둘기한테 몸을 날렸다. 멧비둘기는 깜짝 놀랐지만 계속 걸어갔다. 잠시 뒤 꼬마물떼새가 또다시 몸을 날려 멧비둘기를 들이받았다. 멧비둘기는 덜컥 겁이 난 모양인지 산으로 도망치고 말았다.

이 영상은 MBC 뉴스데스크에 '꼬마물떼새의 자식사랑'이란 제목으로 특종 보도되었고, 생태동화 《꼬마물떼새는 용감해》에도 나온다.

그 내막을 들여다보면 고개가 끄덕여진다. 전날 꼬마물떼새 새끼 네 마리가 알에서 깨어났다. 꼬마물떼새 부부는 엄청 긴장하고 있었다. 그 무렵 개천을 따라 무시무시한 맹금류 새호리기가 날아다니고 있었고, 개나 고양이, 너구리도 개천 둘레에 자주 나타났다. 새끼들은 걸음마를 배우고 있던 터라, 어미들은 신경이 아주 날카로워져 있었다. 그런 때에 멧비둘기가 나타나서 새끼들 있는 쪽으로 다가왔으니, 꼬마물떼새로서는 쫓아내지 않을 수 없었다.

사람을 공격하는 딱새, 다람쥐를 막아내는 흰눈썹황금새

몇 년 전 어느 아파트 앞 상가에서 벌어진 일이다. 딱새가 지나가는 사람을 공격한다는 얘기가 방송을 타고 나왔다. 호랑지빠귀나 되지빠귀 같은 새들이 새끼를 키울 때 누가 둥지에 접근하면 스치듯 날아가며 위협하는 일은 있다. 그런데 참새만한 딱새가 사람을 공격하다니! 알고 보니 딱새한테 사연이 있었다. 알을 품고 있다가 공사 때문에 둥지가 망가진 것이다. 딱새는 이번에는 상가 건물 틈에 알을 낳고 새끼를 키웠고, 상가 앞으로 지나다니는 사람들은 모두 적으로 보았다. 딱새는 새끼들이 또 다시 피해를 볼까봐 사람들한테 달려들어 머리를 쪼아댄 것이었다.

작년 봄이었다. 분당 영장산 기슭 인공둥지에서 알을 품고 있던 흰눈썹황금새를 관찰할 때였다. 어디선가 비명소리가 들려왔다. 다람쥐가 키 작은 나무 꼭대기에서 안절부절 못하고 있었다. 그 옆에는 흰눈썹황금새가 꼬리를 치켜들고 있었고. 아니, 덩치로 보자면 흰눈썹황금새는 다람쥐한테 상대가 안 되었다. 하지만 다람쥐가 잔뜩 겁에 질려 있었다. 흰눈썹황금새가 매섭게 달려들었던 것이다. 다람쥐는 몇 번 더 혼이 난 뒤 바닥으로 뛰어내린 다음 꼬리가 빠져라 도망을 쳤다.

멧비둘기가 나타나자 꼬마물떼새 부부가 쫓아내려 하고 있다.

황조롱이가 자신보다 훨씬 크고 무거운 청둥오리 사냥에 성공했다.

꼬마물떼새에게 공격당한 텃새 멧비둘기. 멧비둘기는 덩치는 크지만 아주 온순한 새다.

어느 겨울날 시화호에서 탐조를 하고 있을 때였다. 벌판에 뭔가 움직이는 게 보여 달려가 보았다. 놀랍게도 청둥오리를 사냥한 황조롱이였

직박구리도 자신보다 덩치가 훨씬 큰 까치나 어치를 쫓아내기도 한다.

사람 때문에 새끼를 잃은 딱새는 사람들에게 달려들어 머리를 쪼아댔다.

꼬마물떼새가 새끼 치는 영역에 자주 왔던 까치. 작은 새들에게는 공포의 대상이다.

다. 황조롱이의 몸무게는 고작 200그램 내외이고, 청둥오리는 1.5킬로그램이나 된다. 자기 몸의 7배가 되는 청둥오리 사냥은 결코 쉬운 게 아니었다. 몸집이 작은 황조롱이는 치열한 싸움으로 깃털이 다 망가져 있었다. 마치 유치원생이 천하장사 씨름꾼을 넘어뜨리고 그 위에 올라탄 모습이었다. 그건 정말이지 충격적인 장면이 아닐 수 없었다.

몸집이 작다고 언제나 약한 건 아니다. 꼬마물떼새나 흰눈썹황금새는 자신들이 꼭 지켜야 하는 새끼가 있었기에 엄청난 용기가 솟았다. 딱새의 경우 사람들에게 직접적인 피해를 봤기 때문에 분노가 일었을 것이다.

어린 시절 친구였던 땅꼬마도 친구들에게 놀림감이 된다는 사실 때문에 큰 힘이 솟구쳤는지 모를 일이다. 싸움은 키나 덩치로 하는 게 아니라 매섭고 독한 마음을 먹는 쪽이 승부를 결정짓는 듯하다.

놀라운 사냥꾼

발로 수초를 헤집어 물고기를 사냥하는 쇠백로.

　새를 관찰하다 보면 녀석들이 당최 새인지, 사람인지 헷갈릴 때가 있다. 새는 그만큼 똑똑하고 지혜로운 구석이 있다. 그런데도 우리는 아둔한 사람을 보고 '새대가리'라는 표현을 한다. 새들은 정말 우리가 조롱할 만큼 어리석고 아둔할까?

숨긴 땅콩 부스러기를 여지없이 찾아내는 노랑턱멧새
　어느 날 집 뒤 숲 바닥에 땅콩 부스러기를 뿌려 놓았다. 땅콩은 새들이 워낙 좋아해서 올려놓기 무섭게 먹어 치운다. 박새와 쇠박새, 참새와 곤줄박이, 동고비와 노랑턱멧새가 날아온다. 덩치 큰 직박구리는 한참 동안 배불리 먹어야 자리를 뜬다.

며칠 뒤 실험을 해 봤다. 낙엽으로 땅콩 부스러기를 덮어 버렸다. 땅콩을 먹으려고 매일 드나들던 새들이 날아와서는 두리번거린다. '어, 이거 어디 갔지? 이젠 없네.' 싶었는지 후르륵 날아가 버린다. 약기로 소문난 참새도 기웃거리더니 그냥 날아간다. 직박구리는 아예 그곳을 쳐다보지도 않고 지나친다. 산새들은 그 자리에 먹이가 있다는 걸 기억하는지 한두 차례 왔지만 그걸로 끝이었다.

노랑턱멧새는 달랐다. 녀석들도 처음에는 박새와 동고비처럼 땅콩자리에서 두리번거렸다. 그런데 녀석들의 행동은 완전히 달랐다. '흠, 여기가 틀림없는데 이상하다.' 싶은지 노랑턱멧새는 부리로 낙엽을 들추기 시작했다. 수색작전을 시작했다. 낙엽을 들추고 나니 땅콩 부스러기가 드러났고, 노랑턱멧새는 맛있게 쪼아 먹었다. 작은 산새이지만 지혜로운 행동이었다.

노란 장화 신은 쇠백로의 지혜로운 사냥

백로 중에서 가장 작은 쇠백로. 발이 노란색이어서 아이들에게 '노란

낙엽을 들춰 기어이 땅콩 부스러기를 찾아내는 텃새 노랑턱멧새.

장화 신은 백로'라고 알려주는 새다. 어렸을 적 개울에서 물고기 잡을 때 물탕을 튀기면 놀란 물고기가 한쪽으로 도망치다가 결국 그물에 걸려들고 만다. 쇠백로도 사람처럼 물고기를 사냥한다. 물에서 성큼성큼 뛰어가며 물고기를 한쪽으로 몬다. 어찌 보면 꼭 춤추는 것 같다. 물고기가 보이면 쇠백로는 부리로 정확히 낚아챈다. 발을 파르르 떨며 수초를 헤집기도 한다. 오랜 물가 생활을 거쳐 터득한 지혜로운 사냥법이다.

미끼까지 쓰는 검은댕기해오라기

여름철새 검은댕기해오라기는 쇠백로보다 한 수 위다. 검은댕기해오라기는 무리 지어 번식하지 않고 홀로 새끼를 치는 백로과의 새다. 검은댕기해오라기는 이따금 개천을 따라 물고기를 잡기도 하지만, 잔잔한 연못에서는 놀라운 사냥법을 쓴다. 바로 미끼 쓰기다. 검은댕기해오라기는 연못에 떠다니는 날벌레를 물어 자신 앞에 툭 떨어뜨린다. 별 반응이 없으면 다시 물어 다시 떨어뜨린다. 진동을 느낀 물고기가 먹잇감을 먹으려고 수면 위로 올라온다. 그때 잽싸게 낚아채는 것이다.

날벌레를 미끼로 던져 놓고 물고기를 사냥하는 검은댕기해오라기.

이보다 더 똑똑한 새는 역시 까마귀다. 까마귀는 웬만한 아이 수준의 지능을 보여준다. 일본에 사는 까마귀는 호두 까먹는 방법을 찾아냈다. 호두에는 지방이 많

약기로 소문난 참새도 낙엽 속 땅콩을 찾아내지 못했다.

가장 똑똑한 새는 역시 까마귀가 아닐까 싶다. 어떤 일의 앞뒤 관계를 이해한다는 건 놀라운 일이다.

다. 지방은 무게에 비해 칼로리가 높기 때문에 까마귀로서는 놓칠 수 없는 먹이다.

까마귀는 높이 날아올라 땅바닥에 호두를 떨어뜨렸다. 상태가 안 좋은 호두 한두 개는 깨졌겠지만, 속이 꽉 찬 호두는 여간해선 깨지지 않는다. 어느 날 까마귀는 더 괜찮은 방법을 찾아냈다. 도로 한복판에 호두를 떨어뜨려 놓고 기다리는 것이다. 지나가던 자동차 바퀴에 깔려 호두알이 우지직 깨진다. 잠시 뒤 신호등이 바뀌고 양쪽의 차들이 모두 멈춰 섰다. 까마귀는 그 틈을 타서 얼른 호두를 주워 먹고 도로에서 나온다. 호, 이건 정말 대단하지 않은가!

새는 수천 킬로미터 떨어져 있는 작년 보금자리를 정확히 찾아오는 놀라운 기억력이 있다. 그건 넓은 의미의 지능이자 지혜이고, 우리 사람은 감히 새 꽁무니도 못 따라간다. 우린 몇 가지 아둔한 면을 보고 새 대가리라고 놀리지만, 어떤 면에서는 새들의 지혜가 우리보다 훨씬 뛰어나다. 어쩌면 새들은 마루나 도마 한두 종목 못 해서 종합점수는 형편없는 올림픽 체조선수인지 모른다.

동생을 돌보는 새들

봄에 태어난 갈색 쇠물닭이 7월에 태어난 어린 새끼에게 물풀을 먹여주고 있다.

꾀꼬리는 나무 높은 곳에 둥지를 트는 습성이 있어서 관찰이 쉽지 않은 새다. 경기도 용인의 한 야산에서 꾀꼬리를 관찰할 때의 일이다. 꾀꼬리가 그리 높지 않은 나뭇가지에 둥지를 틀어서 새끼들이 둥지를 떠날 때까지의 과정을 모두 관찰할 수가 있었다.

동생을 돌보는 꾀꼬리를 만나다

어느 날이었다. 둥지 나무에 까치가 내려앉았다. 까치로서는 기분이 좋을 리 없었다. 산기슭 바로 위쪽에 여름철새 파랑새가 와서 마음이 불편한데, 꾀꼬리까지 들어 왔으니 이래저래 표정이 안 좋아 보였다. 까치는 꾀꼬리 새끼들을 노려보며 으름장을 놓았다. 꾀꼬리 한 마리가 얼른 날아가 까치를 상대했다. 다른 한 마리는 둥지를 지키며 있었고. 까치는 꾀꼬리의 상대가 되지 못했다. 꾀꼬리는 까치를 추격하려다가 중간에 멈추었다.

다시 고개를 돌려 둥지를 보았다. 그런데 이상한 일이 벌어졌다. 까치와 싸운 수컷이 아직 둥지에 들어가지 않았는데, 둥지에 어른새 두 마리가 보였다. 자세히 보니 한 마리는 어미 새와 구분하기 어렵긴 해도 분명히 어려 보였다. 그 녀석은 작년에 태어난 새끼였던 것이다. 어린 꾀꼬리는 올해 태어난 새끼를 키우는 부모와 함께 살아가고 있었다. 작년 꾀꼬리(올해 태어난 둥지 속 새끼도 있으니, 여기서는 작년에 태어난 새끼란 뜻에서 '작년 꾀꼬리'라고 부른다.)는 둥지 옆에서 "와, 동생들이 이 애벌레 엄청 좋아하네.", "엄마, 그 열매는 어디서 가져온 거야?", "아빠, 그 애벌레 너무 큰 거 아냐?" 하며 궁금한 걸 물어보는 것 같았다.

어미 대신 동생들을 지키는 딱새

경북 의성에서 우편함에 둥지를 튼 딱새를 보고 있을 때였다. 딱새 암컷은 처지가 딱했다. 1차 번식을 무사히 마치고 7월 중순에 2차 번식을 하고 있었는데, 수컷이 나타나지 않았다. 아마 천적한테 공격을 당해

꾀꼬리 어미는 작년에 태어난 새끼의 도움을 받기도 한다.

7월에 태어난 2차 번식 새끼에게 먹이를 챙겨주는 어미 쇠물닭.

죽은 듯싶었다. 암컷은 하루 종일 쉴 틈이 없었다. 그렇게 하지 않으면 새끼 여러 마리를 제대로 키울 수 없는 노릇이었다.

어느 날이었다. 암컷 혼자 돌보던 시골집에 딱새 한 마리가 얼씬거리고 있었다. 처음에는 그냥 지나가는 딱새인 줄 알았는데, 그게 아니었다. 그 새는 한눈에 봐도 어른 새가 아니었다. 어린 새였다. 어린 새는 앞마당에 내려앉아 호박 이파리에 앉은 날벌레를 잡아먹고는 마늘 건조대 위로 날아가 앉았다. 잠시 뒤 어미 새가 먹이를 잡아 우편함에 들어갔다. 우편함에서는 먹이 달라고 소리치는 새끼들 소리가 들렸다. 그 순간 어린 딱새는 사방을 두리번거리기 시작했다. 마당의 호박밭도 뚫어지게 보고, 마늘 건조대 아래도 살펴보았다.

딱새의 2차 번식지 둘레로 날아온 1차 번식 딱새. 망을 봐주기도 하는 것 같다.

새끼들에게 먹이를 다 먹인 어미가 우편함에서 나와 다시 사냥을 떠나자, 마치 "엄마, 다녀와. 여긴 내가 지킬게." 라며 얘기하는 것 같았다. 얼마 뒤 동네 사는 참새 무리가 마당에 있는 감나무에 우르르 날아와 앉았다. 어린 딱새는 아무렇지도 않은 듯 우편함을 쳐다보기도 하고, 때로는 집안에서 나오는 할머니한테 시선을 주기도 했다. 어린 딱새는 참새들이 전혀 해가 되지 않는다는 걸 잘 알고 있는 눈치였다.

얼마 뒤 참새들이 날아가고 이번엔 까치가 깍깍거리며 감나무에 앉았다. 어린 딱새는 바짝 긴장하는 듯 꼬리를 치켜세웠다. 어린 딱새는 까치가 위험한 동물이라는 걸 알고 있었던 것이다. 까치가 떠나고 곧 어미가 돌아왔다. "엄마, 아까 참새들이 몰려 왔어. 막 시끄럽게 떠들다가 날아갔지 뭐야. 그런데 엄마 오기 전에 까치도 왔다." 하고 어린 딱새가 말하니 어미가 "정말? 별일 없었지?" 다시 어린 딱새가 씩씩하게 "그럼, 덩치만 크면 뭐해. 까치는 멍청하잖아." 하니 "애야, 그래도 까치는 무섭단다. 당장 네 동생들이 이 우편함 둥지에서 나가기만 해봐라. 저놈들이 냉큼 달려올 걸." 하고 대화를 나누는 듯싶었다.

2차 번식을 하는 쇠물닭의 형제사랑

경기도 시흥 관곡지는 연꽃으로 유명한 곳이다. 관곡지 연못에는 연꽃 사진을 찍으러 가는 사람들이 많지만, 쇠물닭도 많이 보러 간다. 뜸부기과의 여름철새 쇠물닭은 그 모습이 예쁘기도 하고 우스꽝스럽기도 하다. 시커먼 몸에 새빨간 이마판을 보면 예뻐서 탄성이 절로 나온다. 그런데 연한 녹색의 기다란 발가락을 보면 웃음이 절로 나온다. 쇠물닭을 관찰해 보면 긴 발가락이 왜 필요한지 금방 알 수가 있다. 물풀 위를 쉽게 걸을 수 있도록 진화한 것이다.

쇠물닭은 비밀을 하나 갖고 있다. 봄에 첫 번째 번식(새들은 대개 일년에 한 번만 번식하는데, 쇠물닭은 두 차례, 즉 2차 번식까지 한다.)을 마치고 여름이 되면 두 번째 번식을 한다. 그렇다면 한 연못에 봄철 1차 번식 때 태어난 새끼들과 여름철 2차 번식 때 태어난 새끼가 함께 산다는 얘기다. 과연 한 어미의 배에서, 시기를 달리해서 나온 새끼들은 어떻게 살아갈까? 그게 참 궁금했는데, 여러 차례 관찰하면서 아주 재미있는 장면을 목격했다.

작년 여름 어느 날이었다. 사람들은 더워서 헉헉거리고 있는데 쇠물닭은 연못에서 먹이를 찾고 있었다. 어미는 7월에 태어난 2차 번식 새끼에게 보들보들한 물풀을 먹여주고 있었다. 대머리(깃털이 안 자란 것인데, 그게 꼭 대머리 같아서 모습이 우스꽝스럽다.) 새끼는 어른 손가락 한마디만 한 날개를 까불면서 물풀을 맛있게 받아먹는다. 어미는 우렁이를 찾아내 꼴깍 삼키더니만 물풀 그늘로 들어갔다.

어린 새끼는 혼자 돌아다니고 있었다. 그때였다. 물풀 속에서 연한 갈색 깃털의 쇠물닭(여기서는 2차 번식 때 태어난 새끼와 헷갈리지 않도록 1차 번식 때의 새끼를 '갈색 쇠물닭'으로 쓴다.)이 나왔다. 바로 봄철 1차 번식 때 태어난 새끼였다. 곧 한 마리가 더 나왔다. 갈색 쇠물닭들은 이리저리 돌아다니면서 부지런히 물풀을 쪼아 먹고는 나란히 앉아 서로 깃털을 다듬어 주었다. 멀리 떨어져 있던 어린 새끼가 점점 갈색 쇠물닭 쪽으로 다가왔다. 잠시 후 놀라운 일이 벌어졌다. 형제의 깃털을 다듬어 주던 갈색 쇠물닭 한 마리가 어린 새끼에게 다가간다. 그러더니 물풀을 뜯어 먹여 주었다. 동생을 사랑하는 형의 마음씨가 그대로 느껴지는 장면이었다.

어린 새끼가 날개를 파닥파닥 거리며 더 달라고 하자 가던 길을 멈추고 다시 물풀을 먹여 준다. 마치 "에고, 요 귀여운 동생 같으니."라고 말하는 것 같았다. 어린 새끼가 계속 보채자 갈색 쇠물닭은 자리를 뜰 수가 없었다.

2차 번식 새끼들을 데리고 다니는 쇠물닭 어미. 쇠물닭은 1차 번식에서 태어난 새끼의 도움을 받아 힘겨운 번식기를 잘 넘긴다.

갈색 쇠물닭과 어린 새끼가 물풀 그늘로 들어서려는 순간이었다. 물풀 그늘에서 쉬던 어미가 나왔다. 갑자기 어미 쇠물닭이 갈색 쇠물닭을 부리로 마구 쪼아댔다. 어미가 갈색 쇠물닭 새끼를 혼내 준 까닭이 무엇인지 정확히 알 수는 없었다. 혹시 "네 어린 동생 좀 잘 걷어 먹이라고 했는데, 그 정도밖에 못하는 거니?" 하며 화를 낸 것인지, 아니면 "이 녀석, 어린 새끼는 나만 돌보기로 했잖아."라며 질투심이 일어났는지 알 수 없다. 분명한 건 한 해에 태어난 형제들의 우애가 사람들보다 더 낫다는 점이다.

동생을 돌보는 믿음직한 새들의 세계

흔히 동생을 돌보는 형제를 헬퍼(helper), 즉 '도우미'로 표현한다. 보통 작년에 태어났는데, 이듬해 자기 세력권을 확보하지 못하고 적당한 짝도 만나지 못했을 경우 엄마, 아빠 새 곁에 머무는 것이다. 부모 새들 곁에서 올해 태어난 어린 새끼들을 돌보기도 하고, 부모가 새끼 키우는 걸 가까이서 보고 배우는 것이다. 그런 도우미 경험은 나중에 자신이 짝을 만나 알을 낳고 새끼를 키울 때 큰 도움이 될 게 분명하다.

마티 크럼프의 《감춰진 생물들의 치명적 사생활》 33~34쪽에 나온다.

그렇다면 도우미들은 어미의 양육에 실질적으로 도움이 될까? 연구 결과 환경이 좋지 않고 부모 혼자서 새끼들을 먹일 수 없을 때 도우미가 큰 보탬이 되는 것으로 나타났다. 도우미는 강수량이나 식량 공급이 적은 해에 확실히 그 진가를 발휘한 것으로 밝혀졌다.

브리짓 스터치버리의 《암컷은 언제나 옳다》 147~159쪽에 나온다.

아주 어린 시절이 떠오른다. 나이 차이가 크게 나는 큰누나는 내가 초등학교 들어갈 때까지 내 엉덩이를 때려 가면서 나를 씻겨 주었다. 막내 누나는 학교에서 받은 빵을 먹지 않고 가방에 넣어 집에 왔다. 어린 동생이 좋아하니까 먹고 싶은 걸 꾹 참으면서 말이다. 쇠물닭 형제들이 살아가는 모습을 보면 나를 먹여주고 씻겨 준 누나들 생각이 난다. 새와 사람이 어쩜 그리 비슷한지 그저 신기하기만 하다.

새들의 의사소통

어치는 25가지 이상의 발성으로 복잡한 의사소통까지 하는 것으로 밝혀졌다.

어느 해 이른 봄이었다. 참나무에 둥지를 튼 호랑지빠귀를 관찰하고 있을 때였다. 호랑지빠귀 암컷은 갓 태어난 새끼들을 돌보고 있었다. 호랑지빠귀 둥지는 훤히 드러나는 줄기에 있었기 때문에 암컷은 꼼짝하지 않고 새끼들을 지키고 있었다. 잠시라도 자리를 비우면 어떤 일이 벌어질지 모를 일이었다. 둘레에는 까치, 까마귀, 어치까지 숲속의 폭군들이 수시로 지나다니고 있었다.

나는 한 생태사진가와 함께 위장막 안에 있었다. 한참 기다려도 호랑지빠귀 수컷은 나타나지 않았다. 30분쯤 지나자 생태사진가는 뒤로 벌렁 누웠다.

"수컷도 안 오는데 좀 쉬어야겠네."

그 순간이었다. 어디선가 나지막한 소리가 들려왔다. 그건 들릴 듯 말 듯 아주 작은 소리였다. "어서 카메라 셔터 누를 준비하세요." 하고 말했더니, 사진가는 "수컷도 안 보이는데?" 하며 일어서지 않았다. 그 말이 떨어지기가 무섭게 위장막 위로 날개바람 소리가 들려왔다. 수컷이 둥지에 들어간 것이다.

깜짝 놀란 생태사진가는 내게 "아니, 수컷이 들어오는 걸 어떻게 알았어?" 하고 물었다. 나는 "하하, 다 아는 수가 있죠." 하며 그 비밀을 말했다.

호랑지빠귀 수컷은 먹이사냥을 한 뒤 곧바로 둥지에 들어오지 않았다. 둥지에 있는 암컷에게 먼저 신호를 보낸다. "삐이릉" 하고. 하지만 그 소리는 여간 집중하지 않고서는 우리 귀에 들리지 않는다. 나는 그 신호를 전에 들어본 적이 있었다. 그 신호는 '지렁이 사냥이 다 끝났어요. 곧 둥지에 들어가려는데, 괜찮겠죠?'라는 뜻이었다. 그건 더 안전

호랑지빠귀 수컷은 둥지에 들어가기 전 암컷에게 아주 은밀한 신호를 보낸다.

한 상태에서 둥지에 들어가기 위한 호랑지빠귀만의 신호이자 소통인 셈이다.

야간사냥을 다녀온 아빠 되지빠귀의 신호

되지빠귀를 관찰할 때도 특이한 장면을 목격했다. 되지빠귀 새끼들이 알에서 깨어난 지 사흘쯤 되었을 때였다. 되지빠귀 부부는 하루 종일 지렁이와 애벌레를 사냥해서 새끼들에게 먹여 주었다. 밤 8시쯤 되었다. 암컷은 둥지에 웅크리고 앉아 있었다. 그때였다. "삐비르 삐르비지!" 어디선가 신호가 들려왔다. 암컷은 그 소리를 듣자 서둘러 둥지에서 나갔다가 딱 10초 만에 돌아왔다. 그런데 암컷의 부리에 지렁이가 물려 있었다. 어두운 밤에 둥지에서 나간 어미가 단 10초 만에 지렁이를 물고 들어왔다? 뭔가 앞뒤가 안 맞았다. 지렁이를 사냥하려면 적어도 몇 장의 낙엽을 들춰내고 부리로 땅바닥을 찔러 봐야 하지 않는가! 그 짧은 순간에, 그것도 컴컴한 밤에 금방 지렁이를 잡아서 물고 왔으니 이해가 되지 않았다.

새들은 천적의 움직임에 아주 민감하다.
새도 잡아먹는 청설모.

사정은 이랬다. 그 신호는 수컷이 보냈다. 수컷은 자신이 잡은 지렁이를 직접 가서 주지 않고 암컷을 불러냈다. 신호를 받고 나간 암컷은 수컷이 전해 준 지렁이를 물고와 새끼에게 먹여 주었다. 이 대목이 좀 이상하다. 낮에는 암수가 교대로 지렁이와 애벌레 사냥을 해서 버젓이 둥지에 들어왔는데, 왜 밤에는 수컷이 들어오지 않았는지 이유가 궁금하기 짝이 없었다.

수컷만 야간사냥을 한 까닭은 새끼들 때문이었던 것 같다. 산새들은 알에서 깨어나면 솜털밖에 없다. 초여름이라도 밤에는 당연히 추위

밤에는 사냥한 먹이를 암컷에게 전해 주는 되지빠귀 수컷.

를 느낄 것이다. 대낮에는 암수가 함께 먹이를 잡아와서 새끼들에게 먹였지만, 야간에는 새끼들 체온 유지를 위해 누군가는 둥지에 있어야 한다. 암컷은 바로 그 역할을 해야만 했다.

그래도 또 하나의 의문이 생긴다. 수컷이 직접 배달해 줄 수도 있지 않느냐는 점이다. 암컷이 새끼들을 품어주고 있을 때 수컷이 지렁이를 물고 와서 주면 간단히 끝날 일 아닌가. 그런데 그렇게 하지 않고 굳이 암컷을 불러내서 지렁이를 전해 주었다면 또 다른 까닭이 있었을 듯싶다.

그게 대체 뭘까? 밤은 낮과 달라서 소리가 잘 들린다. 둥지에 새끼 네 마리가 어미와 함께 있는데, 수컷까지 지렁이 사냥해서 들어간다면 둥지가 좀 어수선해지지 않을까? 천적에게 들킬까봐 조용히 암컷을 불러내어 슬며시 지렁이를 전해 준 게 아닐까.

교대신호를 보내는 청딱따구리

어느 봄날이었다. 분당 영장산에서 청딱따구리를 관찰하고 있었다. 참나무 구멍둥지 안에는 암컷이 들어가 알을 품고 있었다. 한참 뒤 둥지

안에서 어떤 신호가 들려왔다. 그러자 잠시 후 청딱따구리 수컷이 날아와서 참나무 바로 옆에 앉았다. 수컷은 한참 동안 두리번거리면서 사방을 살펴보았다. 그리고는 참나무로 날아가 앉았다. 그 사이 둥지 안에 있던 암컷이 머리를 내밀고는 쏜살같이 밖으로 날아갔다. 그러자 수컷이 얼른 구멍 안으로 들어갔다. 청딱따구리 암컷은 수컷에게 교대해 달라고 신호를 보낸 것이었다.

　의사소통 신호가 아주 다양한 새가 있다. 여름철새 꼬마물떼새다. 크기는 작아도 꼬마물떼새는 아주 야무지고 용감한 새로 유명하다. 둘레에 사람이나 개가 나타나면 얼른 다친 시늉을 해서 둥지에서 먼 곳으로 유인한다. 꼬마물떼새의 영리함은 그게 다가 아니다.

　꼬마물떼새는 암수가 교대로 알 품기를 한다. 한 마리가 자갈밭 높은 곳에 서서 신호를 보낸다. "삐 삐 삐 삐" 하고. 그러면 알 품는 짝이 대답하듯 "삐 삐 삐 삐" 신호를 보낸다. 꼬마물떼새는 소리의 강약을 조절하면서 의사소통을 하고 있었다. 새끼들이 알에서 깨어나면 마치 대통령 경호작전 펼치듯 새끼들을 보호해 준다. 꼬마물떼새의 신호음을 알

비상상황이 되면 즉시 위험신호를 알리는 박새.

고 있으면 멀리서 새소리만 듣고도 지금 알을 품고 있는지, 새끼들이 알에서 깨어났는지, 또 새끼들을 데리고 먹이활동을 하고 있는지를 얼마든지 알 수 있다.

　새들이 의사소통은 여간 흥미로운 게 아니다. 만일 그 많은 새소리 신호음을 알아들을 수만 있다면 새들과의 소통도 가능하지 않을까 상상해본다. 스웨덴 웁살라대학 미카엘 그리에세르 팀의 연구에 따르면 시베리아 어치들은 무려 25가지 이상의 발성으로 복잡한 의사소통을 하는 것으로 밝혀졌다.

　며칠 전 낮에는 박새 한 마리가 전깃줄 위에서 "찌지찌~찌찌 찌지찌~ 찌찌" 하면서 다급한 소리를 내는 걸 봤다. 자세히 보니 밤나무 가지 위에 천적인 때까치가 앉아 있었다.

　새들이 숲에서 노래하고 먹잇감이나 찾아다니면서 그냥 하루하루를 보낸다고 생각하면 착각이다. 새들이 지난 수천 만 년 동안 진화해 오며 지금에 이르렀다면 사람이 모르는 남다른 능력이 있다고 봐야 하는 것은 아닐까.

다양한 의사소통 신호를 사용하는 꼬마물떼새.

버드피더에 왔다가 허탕을 치면 새들은
'오늘은 먹이가 없네. 언젠가는 있겠지'하고
생각하는 듯 후르륵 날아가 버린다.
그러다가 한참 만에 다시 땅콩이나 해바라기
씨앗을 올려 두면 어김없이 다시 날아온다.

〈새 모이대, 버드피더〉 중에서

새를 부르는 버드피더

새 모이대, 버드피더
버드피더 만들기

5장

새 오이대, 버드피더

바구니로 만든 버드피더에 감과 땅콩을 올려 두었더니 직박구리가 날아왔다.

새를 보는 방법 가운데 으뜸은 역시 새가 올 만한 때와 장소에 가서 기다리는 것이다. 봄과 가을에 서해안을 지나는 도요물떼새 보기가 대표적이다. 그 시기에 서해안 갯벌에 가면 셀 수 없이 많은 도요물떼새를 만난다. 그때가 우리나라를 지나가는 시기이기 때문이다. 산새들의 경우 일정한 열매가 익을 무렵 그곳을 꼭 찾아오기도 한다. 새들은 어느 때에 그곳에 가면 맛있는 열매가 있다는 사실을 정확히 기억하고 있다. 생태사진가들은 바로 그 점을 이용해 기다렸다가 새 사진을 찍는다.

체온이 높은 새들은 하루 여러 차례 목욕하고 물을 마셔야 한다. 숲에서 생활하는 새들은 일정하게 들르는 물웅덩이, 즉 둠벙이나 옹달샘을 기억하고 있다. 먹이활동을 하다가 목이 마르면 두리번두리번 망을 봐

가며 물로 들어간다. 그런 곳에 미리 가서 기다리면 수많은 산새들을 만날 수 있다. 하지만 그런 방법을 실생활에서 써먹기란 쉽지 않다. 일부러 공원이나 숲에 들어가야 하고, 오랜 시간 차를 타고 어딘가로 이동해야 하는 번거로움 때문이다.

좋아하는 먹이로 새를 부른다

사람들은 어떻게 하면 새들을 가까이서 볼 수 있을까 오랫동안 궁리해 왔다. 새 모이대, 즉 '버드피더'(Bird Feeder)가 바로 그 해결책이다. 버드피더는 언제나 먹이를 찾는 새들의 습성을 이용한 방법이다.

철망을 말아 그 안에 쇠기름을 넣은 재활용 버드피더. 동고비가 자주 들락거렸다.

먹이 욕심 많은 어치도 쇠기름 버드피더에 날아왔다. 어치는 다른 새의 울음을 흉내 낼 수도 있다.

새들이 좋아하는 감과 땅콩 부스러기를 올려놓은 집 모양의 버드피더. 베란다 밖에 걸어 두었다.

텃새 쇠딱따구리가 고기 기름덩어리를 먹으러 날아왔다. 쇠딱따구리는 가까이서도 관찰이 가능하다.

산새들은 지방 성분이 있는 먹이를 좋아한다. 땅콩이나 잣, 깨는 새들이 정말 좋아하는 먹이다. 쇠기름이나 돼지기름도 새들이 엄청 좋아한다. 새들이 올 만한 곳에 모이대를 만들어 두고 먹잇감을 올려두면 새들은 찾아오기 마련이다. 먹잇감이 적은 늦가을부터 이른 봄까지만 한시적으로 버드피더를 설치하는 게 좋다.

버드피더를 걸어 두었다고 새들이 금방 찾아오는 건 아니다. 서울 강남의 한 빌라 4층 창가에 걸어둔 버드피더에는 무려 39일 만에 새가 찾아왔다. 그 까닭이 있다. 그곳 주택가는 가로수가 있는 개천에서 100여 미터나 멀리 떨어져 있고, 그 동네는 빌라들밖에 없어 나무가 별로 없었다. 나무가 없으면 새들이 잘 모여들지 않는다.

그곳에 찾아온 새는 텃새 직박구리였다. 직박구리는 먹성이 워낙 좋다. 직박구리는 열매도 좋아하지만, 산에서 등산객들이 먹다 버린 사과 꽁다리나 바나나 껍질도 그냥 내버려 두지 않는다. 먹이 욕심이 많다 보니 당연히 호기심도 많다. 멀리 있는 먹잇감을 직박구리가 제일 먼저 발견해 낸 건 어찌 보면 당연한 일인지 모른다. 한번 버드피더에 온 직박구리는 매일 그곳을 찾아왔다. 다른 곳에서 먹이를 찾는 것보다 먹이 구하기가 훨씬 쉽기 때문이다. 버드피더에 오면 언제든 먹이가 있으니까 직박구리는 아침해가 뜨면 버드피더부터 찾는 것이다.

새들은 구멍이나 틈에 들어 있는 땅콩 부스러기 찾아 먹는 것을 좋아한다.

야외에서는 일정한 곳에 먹이만 놔두면 계속 새들이 온다.

작은 산새들도 버드피더를 자주 찾는다. 대표적인 새가 박새나 쇠박새, 곤줄박이와 동고비다. 산새들은 아파트 화단도 자주 찾아오기 때문에 아파트나 빌라의 버드피더에 손쉽게 다가올 수 있다.

한번 온 곳에는 또 날아온다

하루나 이틀 버드피더에 먹이가 없으면 새들은 어떻게 반응할까? 새들은 먹이가 있거나 없거나 버드피더를 꾸준히 들른다. 왜일까? 버드피더 먹이가 가장 손쉽게 구할 수 있는 것이기 때문이다. 버드피더를 두고 몇 번 실험을 해 봤다. 일주일 동안 먹이를 끊어 봤다. 그래도 새들은 그곳을 찾아온다. 보름을 끊어도, 심지어 한 달 동안 버드피더에 땅콩을 올려두지 않았는데도 새들은 이따금씩 그곳에 날아왔다. 새들에게는 밑져봐야 본전인 셈이다.

버드피더에 왔다가 허탕을 치면 새들은 '오늘은 먹이가 없네. 언젠가는 있겠지' 생각하는 듯 후르륵 날아가 버린다. 그러다가 한참 만에 다시 땅콩이나 해바라기 씨앗을 올려 두면 새들이 어김없이 날아든다. '역시 이곳이 최고라니까.' 생각하는지 냉큼 땅콩을 물어가 숨기고는 또 다시 날아온다. 새들은 늘 먹이가 있던 곳을 활동의 일순위로 정해 놓고 그곳을 찾는 것이다. 그런 습성은 어느 새들이나 똑같다.

버드피더는 다양한 소품을 이용하여 만들 수 있다. 곤줄박이가 날아왔다.

철망과 음료수 캔으로 만든 재활용 버드피더. 박새가 날아왔다.

버드피더 만들기

빌라 창가에 걸어둔 상자형 버드피더. 그림까지 그려 넣어 예쁘게 만들었다.

버드피더는 어떻게 만들어야 할까. 한마디로 말하면 따로 정해진 모양이 없다. 예쁘게 만드는 건 그저 보기 좋게 하기 위한 것이다. 새들한테는 먹이가 중요하지 모양이나 디자인이 중요한 건 아니니까.

버드피더를 둘 위치에 맞게 만든다

버드피더는 둘 위치에 맞게 만들면 된다. 아니, 꼭 만들어야 하는 건 아니다. 있는 것을 활용해도 좋다. 보통 야외에 버드피더를 두니 땅콩이나 잣, 깨 같은 먹이가 바람에 안 날아가도록 약간 움푹 들어간 형태이면 된다. 마트에서 파는 작은 나무상자 소품도 괜찮고, 장식용으로 쓰이는 물건도 상관없다. 유럽에서는 깡통이나 철망 등을 재활용해서 곧잘 버드피더를 만들기도 한다. 만일 적당한 물건을 구하지 못하면 그냥 접시를 이용해도 좋다.

새가 오기 쉬운 곳이 좋은 위치

버드피더의 위치는 어디가 좋을까? 보통 아파트에 살면 베란다 밖 화분걸이대가 좋다. 눈에 잘 띄고 관리하기도 좋기 때문이다. 화단이 있는 주택이라면 다양한 버드피더를 생각해 볼 수 있다. 화단이라면 버드피더와 함께 새들이 목욕하고 물 마실 수 있는 접시를 놔두는 것도 괜찮다.

아파트 1층이나 2층처럼 새들이 금방 올 수 있는 곳은 버드피더를 두기에 매우 좋다. 창밖에 뭔가 걸어두고 먹이만 올려 두면 새들이 금세 찾아오니 말이다. 산기슭이나 언덕을 마주하고 있어서 높이 있는 새가 내려다볼 수 있는 곳이라면 좀 높은 아파트라도 큰 문제가 되지 않는다.

숲이나 공원 같은 야외는 버드피더를 두기에 더없이 좋다. 바로 곁에 옹달샘이 있으면 더 좋다. 먹이 옆에 물이 있으면 새들이 더 자

상자에 드릴로 구멍을 뚫는 장면. 버드피더는 새들의 습성을 잘 활용하는 게 좋다.

나무상자를 응용한 버드피더. 옆에 구멍을 뚫어 나뭇가지를 끼울 수 있도록 했다.

작은 나무상자 두 개를 붙인 버드피더. 화분 물빠짐 망을 바닥에 깔았다.

나무에 새 그림을 조각해서 걸어 둔 버드피더. 땅콩 부스러기를 틈에 넣어 두니 곤줄박이가 날아왔다.

보기 쉬운 텃새인 쇠박새. 버드피더 줄에 매달려 있다가 먹이에 다가 가기도 한다.

주 날아오니 야외에서는 굳이 아파트에서 쓰는 버드피더도 필요 없다. 쓰러진 통나무 위도 좋고, 바위도 괜찮다. 땅콩 부스러기나 해바라기 씨앗을 뿌려 둘 만한 곳이라면 그만이다.

　버드피더를 놓을 위치를 잡고 나면 어떤 먹이로 새들을 부를까. 겨울철에는 쇠기름이나 돼지기름 같은 먹이를 좋아한다. 새들은 집요하게 쇠기름을 쪼아 먹는다. 직박구리나 어치, 까치 같이 큰 새들은 작은 덩어리를 한 입에 삼켜 버리기도 한다. 쇠기름은 아파트 베란다에 쓰는 것보다 공원이나 숲에 걸어두는 걸 권하고 싶다. 집에서는 볼 수 없는 딱따구리까지 구경할 수 있기 때문이다. 청딱따구리나 오색딱따구리는 물론 딱따구리과 중에서 가장 작은 쇠딱따구리도 단골손님이다. 딱따구리는 버드피더가 아니면 가까이서 관찰하기 어려운 새라 더 반가울 것이다.

　평소에는 새를 가까이에서 보기가 어렵다. 한 마리, 두 마리 버드피더에 모여드는 이 작은 새들을 코앞에서 보는 것은 그야말로 감동이다. 새들의 깃털을 가까이에서 보면 그 아름다움에 빠지지 않을 수 없다. 새소리는 또 어떤가. 새들은 버드피더에서도 끊임없이 신호를 주고받는다. 들릴락 말락 작은 새들의 이야기에 한번 귀를 기울여 보라.

나무상자 버드피더를 만들어 회화나무 꼭대기에 걸었다. 춘천 담작은도서관.

이 책에 나오는 새들

텃새

검은머리물떼새 몸길이 45㎝. 천연기념물 326호. 부리와 눈이 붉다. 섬의 해안가에서 번식하고, 서해 유부도 등지에서 겨울을 난다.

곤줄박이 몸길이 14㎝. 등과 배가 적갈색이어서 눈에 잘 띈다. 사람에 대한 경계심이 적어 버드피더에 잘 온다. 주목나무 열매를 잘 먹는다.

까치 몸길이 46㎝. 우리나라 대표적인 텃새로, 영역에 대한 집착이 강해 말똥가리나 독수리 같은 맹금류도 집단으로 공격하여 내쫓는다.

노랑턱멧새 몸길이 16㎝. 산기슭이나 농경지의 덤불을 따라 다니며 주로 풀씨를 쪼아 먹는다. 보통 4~5마리씩 무리 지어 다닌다.

동고비 몸길이 14㎝. 나무줄기를 거꾸로 타고 내려오는 습성이 있고, 번식할 때는 딱따구리 구멍둥지 입구를 진흙으로 좁혀 재활용한다.

딱새 몸길이 14㎝. 우편함에 둥지 틀기를 좋아한다. 둥지 떠난 새끼들을 돌봐줄 때 사람이 나타나면 가까이 오지 못하도록 위협하기도 한다.

때까치 몸길이 20㎝. 몸집은 작지만 도마뱀이나 작은 새까지 사냥하기 때문에 준맹금류로 분류한다. 사냥한 먹이를 가시에 꽂아 두기도 한다.

멧비둘기 몸길이 33㎝. 열매나 곡식을 먹고 새끼들에게는 피존밀크라는 액체를 토해 준다. 알은 2개만 낳는 대신 3회 이상 번식하기도 한다.

물까마귀 몸길이 22㎝. 산간 계곡에 산다. 날갯짓을 해서 헤엄치거나 잠수까지 한다. 물 위를 빠른 속도로 직선 비행하며 꼬리를 아래위로 흔든다.

텃새

물까치 몸길이 37cm. 날개와 꼬리가 청회색이서 눈에 잘 띈다. 산간 계류를 중심으로 산다. "구이 구이 곽곽" 울며 번식이 끝나면 집단생활을 한다.

박새 몸길이 14cm. 등과 어깨가 초록빛이 난다. 수컷은 검은색 세로줄 폭이 넓고, 암컷은 좁은 것으로 암수 구분을 한다. 가까이서 볼 수 있다.

붉은머리오목눈이 몸길이 13cm. 일명 '뱁새'로 부르며 시끄럽게 소리를 지르며 집단생활을 한다. 뻐꾸기가 이 새의 둥지에 주로 알을 낳는다.

뿔논병아리 몸길이 49cm. 새끼가 알에서 깨어나면 어미가 등에 태우고 다닌다. 안산 시화호에서는 수십 쌍이 모여 집단번식을 한다.

쇠딱따구리 몸길이 15cm. 딱따구리과 중에서 가장 작고, 사람에 대한 경계심이 적다. "치르르르" 하고 울며 박새류와 뒤섞여 다니기도 한다.

쇠박새 몸길이 12.5cm. 박새류 중에서 가장 작고 흔히 볼 수 있다. 박새, 곤줄박이 등과 섞여 다닌다. 나무구멍, 인공새집에 둥지를 튼다.

쇠백로 몸길이 61cm. 백로과 중에서 가장 작다. 부리와 다리는 검은색이지만, 발은 노랗다. 물풀을 헤집어 물고기를 사냥하는 습성이 있다.

어치 몸길이 34cm. 새들에게는 폭군이다. 산새들의 알이나 작은 새끼도 잡기 때문이다. 도토리를 좋아하며, 곳곳에 열매를 저장하는 습성이 있다.

왜가리 몸길이 93cm. 비행할 때는 목을 S자로 굽힌다. 개구리, 뱀, 들쥐, 물고기, 곤충 등을 사냥한다. 혼자 또는 두세 마리씩 몰려다니기도 한다.

텃새

원앙 몸길이 45cm. 수컷의 깃털은 오리과 중에서 가장 화려하다. 겨울에는 무리 지어 생활하고, 숲에서 번식을 한다. 도토리를 좋아한다.

직박구리 몸길이 27~30cm. 아주 흔한 새로, 공원이나 아파트 단지에서도 쉽게 만난다. 등산객이 버린 과일 껍질도 좋아한다. 자주 시끄럽게 운다.

참새 몸길이 14cm. 참새의 '참'은 작다는 뜻이다. 수십 마리씩 집단생활하며 어디서든 쉽게 볼 수 있다. 농작물의 알곡을 좋아한다.

청딱따구리 몸길이 30cm. 연한 초록색이고 수컷은 이마가 붉다. 딱따구리 중에서 경계심이 덜한 편으로, 개미집을 곧잘 찾아낸다.

큰부리까마귀 몸길이 56.5cm. 번식 철이 지나면 집단생활을 한다. 평야지대, 하천, 농경지 등 서식처가 다양하다. 열매나 낟알, 동물의 사체도 먹는다.

큰소쩍새 몸길이 22.5~25cm. 낮에는 휴식을 취하다가 밤이 되면 본격적으로 활동한다. 딱따구리 구멍둥지에서 번식하고 쥐를 주로 잡아먹는다.

해오라기 몸길이 50~56cm. 과거에는 여름철새였으나, 최근엔 월동하는 수가 늘고 있다. 야행성이지만 낮에도 먹이사냥을 한다. 느릿느릿 걷는다.

황조롱이 몸길이 33~36cm. 가장 흔히 보는 맹금류다. 해안이나 산지의 벼랑에서 번식하는데, 이따금 고층 아파트에도 둥지를 튼다.

흰목물떼새 몸길이 20.5cm. 번식 철이 지나면 무리 지어 개천 자갈밭에서 생활한다. 천천히 걷는다. 상당히 예민해서 포란기간이 긴 편이다.

텃새

흰뺨검둥오리 몸길이 61㎝. 흔히 보는 오리다. 겨울에는 북쪽에서 무리 지어 내려온다. 봄철에는 산간지역 둠벙에 있는 올챙이도 잡아먹는다.

여름철새

긴꼬리딱새 몸길이 18.5~44.5㎝. 수컷은 꼬리가 엄청 길다. 눈테가 파란색을 띤다. Y자로 갈라진 가느다란 나뭇가지에 둥지를 튼다.

꼬마물떼새 몸길이 16㎝. 비둘기한테도 덤벼들 만큼 용감하다. 의사행위로 천적을 유인한다. 다양한 신호음이 있고 종종걸음으로 빠르게 다닌다.

꾀꼬리 몸길이 27㎝. 활엽수에 둥지를 틀며 땅에 거의 내려앉지 않는다. 둥지가 터지면서 다 자란 새끼가 추락사하기도 한다. 울음소리가 다양하다.

되지빠귀 몸길이 23㎝. 지렁이가 주식이다. 덤불나무나 키 작은 나무에 둥지를 튼다. 아주 예민하지만, 번식둥지가 서로 가까운 편이다.

물총새 몸길이 16.5~18㎝. 텃새로 사는 새도 있다. 나뭇가지나 바위에 앉았다가 잽싸게 물고기를 사냥한다. 청호반새, 호반새처럼 다리가 짧다.

산솔새 몸길이 12~13㎝. 둥지는 나무뿌리 밑에 주로 튼다. 검은등뻐꾸기나 벙어리뻐꾸기가 이 새의 둥지에 주로 알을 낳는다.

새호리기 몸길이 28~31㎝. 눈 밑에 수염 모양의 뺨선이 선명하다. 농경지나 개천, 초원에서 산다. 개천을 따라 사냥감을 찾기도 한다.

쇠물닭 몸길이 30.5~33㎝. 이마에 붉은색 액판이 두드러진다. 2차 번식까지 한다. 1차 번식 때 태어난 새끼가 2차 번식 때의 동생을 보살펴준다.

여름 철새

쇠제비갈매기 몸길이 28cm. 해안이나 하천 모랫바닥에 집단으로 번식한다. 사냥하거나 방어할 때 정지비행을 한다. 꼬마물떼새, 흰물떼새와 함께 산다.

숲새 몸길이 10cm. 풀벌레 소리를 내며 주로 덤불에서 산다. 고목 아래 이끼와 낙엽 등으로 밥그릇 모양의 둥지를 트는데 눈에 잘 안 띈다.

저어새 몸길이 73.5cm. 갯벌이나 습지에서 부리를 좌우로 저어 물고기를 사냥한다. 인천 남동공단유수지의 인공섬에서 집단번식한다.

제비 몸길이 15.5~17.5cm. 시골집 처마 밑에 주로 둥지를 튼다. 둥지를 높여 재사용하기도 한다. 공중에서 잠자리 사냥을 즐겨 한다.

중대백로 몸길이 87~104cm. 호수나 논, 개천을 다니며 물고기나 개구리를 사냥한다. 집단번식하며 검은색 부리는 6월이 되면 노란색으로 바뀐다.

청호반새 몸길이 30~32cm. 하천가의 벼랑에 구멍을 파고 번식한다. 개구리나 쥐, 물고기, 심지어 뱀까지 사냥해서 새끼들에게 먹인다.

호랑지빠귀 몸길이 28~30cm. 낙엽활엽수림에서 산다. 나무줄기 갈라진 곳에 둥지를 트는데, 쉽게 노출된다. 밤에 "히이 호오"하고 을씨년스럽게 운다.

호반새 몸길이 27.5cm. 산간계곡이나 호수 둘레의 숲 속에 사는 희귀새다. "교르르르"하는 소리를 낸다. 나무구멍에서 새끼들을 키운다.

황로 몸길이 50~55cm. 부리와 머리, 앞가슴까지 노란색이다. 논이나 초지에서 물고기나 개구리를 잡아먹으며, 메뚜기 같은 곤충을 즐겨 사냥한다.

여름 철새		**후투티** 몸길이 26~31㎝. 이른 봄에 남쪽에서 날아온다. 농경지나 과수원 등의 개방된 환경을 좋아한다. 벌레 가운데 땅강아지를 즐겨 먹는다.
		흰눈썹황금새 몸길이 13㎝. 딱따구리가 쓴 구멍둥지를 이용하거나 인공둥지에도 새끼를 친다. 둥지 둘레에 다른 새나 다람쥐가 오면 공격성을 보인다.
		흰배지빠귀 몸길이 24㎝. 지렁이가 주식이고 곤충이나 열매도 잘 먹는다. 흔하게 볼 수 있으며, 남쪽지방에서는 월동하는 수가 많다.
겨울 철새		**고방오리** 몸길이 56~75㎝. 수컷의 머리와 목은 초콜릿색이다. 수컷의 꼬리가 긴데, 영어 이름 '핀테일'은 바로 이 오리의 특징을 가리킨다.
		독수리 몸길이 110㎝. 천연기념물 243-1호. 무리를 지어 생활한다. 상승기류를 타고 천천히 비행한다. 주로 죽은 동물의 사체를 먹는다.
		되새 몸길이 15.5~16.5㎝. 산기슭 등지에서 무리 지어 다니는데, 수백 마리 또는 그 이상 몰려다니기도 한다. 단풍나무, 느티나무 씨앗을 즐겨 먹는다.
		비오리 몸길이 65㎝. 강원도 동강에서 번식 개체가 확인되고 있다. 톱니 모양의 긴 부리로 잠수를 해서 물고기를 사냥한다. 수컷이 더 예민하다.
		솔잣새 몸길이 16.5㎝. 매년 찾아오는 수가 불규칙하다. 윗부리와 아랫부리가 어긋나 있는 독특한 부리가 특징이다. 침엽수림에서 먹이를 찾는다.
		쇠부엉이 몸길이 36~39㎝. 천연기념물 324-4호. 강가의 벌판에서 주로 산다. 낮은 곳에 앉는 습성이 있다. 낮에도 먹이사냥을 한다.

겨울 철새

알락해오라기 몸길이 70~76cm. 습지에서 살며 눈에 잘 안 띈다. 물고기를 주로 사냥한다. 강추위에도 잘 이동하지 않고 자리를 지키는 습성이 있다.

청둥오리 몸길이 52~60cm. 개천이나 습지 등지에서 산다. 가끔 물가로 올라와 쉬기도 한다. 수컷 머리가 초록빛이어서 다른 종과 쉽게 구별된다.

멋쟁이새 몸길이 16.5cm. 사람에 대한 경계심이 적어 가까이서 볼 수가 있다. 병꽃나무, 산초나무 열매를 좋아한다. 불규칙하게 우리나라에 온다.

콩새 몸길이 18~19cm. 도심의 공원이나 농경지 둘레의 야산에서 주로 산다. 경계심이 센 편이며, 단풍나무 씨앗을 좋아한다. 흔히 볼 수 있다.

큰고니 몸길이 140cm. 자맥질하여 긴 목을 물속에 집어넣어 호수 바닥의 풀뿌리와 줄기를 끊어 먹는다. 무리 지으며 가족 단위로 생활한다.

큰기러기 몸길이 84.5~90cm. 농경지나 습지에서 무리 지어 살며, 벼이삭을 주로 먹는다. 철원평야나 천수만에서 많이 볼 수 있다.

황여새 몸길이 19.5cm 무리 지어 사는데, 수백 마리가 함께 다니기도 한다. 도심의 공원에도 나타난다. 향나무나 찔레 열매를 잘 먹는다.

상모솔새 몸길이 10cm. 서너 마리씩 작은 무리를 이루며 산다. 빠르게 움직이며 정지비행하면서 벌레나 거미를 사냥한다. 머리에 노란 선이 있다.

나그네새

꼬까도요 몸길이 22cm. 바위가 많은 해안이나 갯벌, 하구 등지에서 갯지렁이나 벌레 등을 잡아먹는다. 다리가 비교적 짧은 편이다.

나그네새

뒷부리도요 몸길이 25.5cm. 갯벌이나 하천, 하구 등지에서 생활하며 무리를 이룬다. 종종걸음으로 빠르게 걸으며 먹이를 사냥한다.

붉은목지빠귀 몸길이 23.5~25.5cm. 경계심이 강한 편이다. 나무 높은 곳에 한참 동안 앉아 있다가 산수유 열매 등을 따먹으러 내려온다.

유리딱새 몸길이 14cm. 경계심이 아주 적은 편이어서 가까이서 볼 수 있다. 봄철 이동시기에는 서해 외연도나 어청도 등에 많은 수가 눈에 띈다.

장다리물떼새 몸길이 37cm. 희귀한 나그네새이지만, 최근에는 서해안 간척지에서 번식하는 새가 자주 발견된다. 다리가 유난히 길고 분홍빛을 띤다.

길 잃은 새

검은죽지솔개 2013년 한강 강서습지공원에서 처음 발견되었다. 황조롱이처럼 정지비행도 하고 주로 쥐를 사냥한다.

꼬까울새 몸길이 12.5~14cm. 2006년 홍도에서 처음 발견된 이래 한강에도 나타났다. 경계심이 적은 편이고, 노박덩굴 열매를 좋아한다.

부채꼬리바위딱새 몸길이 14~15cm. 아프가니스탄이나 히말라야 등지에서 서식하며 최근 우리나라에서 한두 마리씩 발견되고 있다.

대륙검은지빠귀 몸길이 28cm. 유라시아 대륙에서 서식하는데, 1999년 강원도에서 번식하는 새가 발견되었다. 봄철에는 한두 마리씩 발견되고 있다.

기타

펠리컨 몸길이 140~178cm. 부리주머니 속에 물고기나 새우 따위를 빨아 삼킨다. 우리나라에는 1914년 인천에서 한 차례 채집된 기록이 있다.

도움을 받은 책

» Jon L. Dunn 외 《Birds of North America》 (National Geographic)
» Olin Sewall Pettingill Jr., 권기정 외 옮김 《조류학》 (아카데미서적)
» Rob Hume 《Birds of Britain and Europe》 (Dorling Kindersley)
» 권오준 생태동화 《꼬마물떼새는 용감해》, 《둠벙마을 되지빠귀 아이들》, 《백로마을이 사라졌어》, 《홀로 남은 호랑지빠귀》 (보리)
» 도연 스님 《나는 산새처럼 살고 싶다》 (중앙북스)
» 마티 크럼프 《감춰진 생물들의 치명적 사생활》 (타임북스)
» 박영욱 《행복한 자연 읽기》 (자연과 생태)
» 박종길 외 《한국의 야생조류 길잡이》 (신구문화사)
» 박진영 《새의 노래, 새의 눈물》 (자연과 생태)
» 브리짓 스터치버리, 정해영 옮김 《암컷은 언제나 옳다》 (이순)
» 소어 핸슨, 하윤숙 옮김 《깃털》 (에이도스)
» 수잔 매카시, 이한음 옮김 《동물의 세계》 (팩컴북스)
» 요제프 H. 라이히홀프 《자연은 왜 이런 선택을 했을까》 (이랑)
» 요제프 H. 라이히홀프, 박종대 옮김 《미의 기원》 (플래닛)
» 우용태 《물총새는 왜 모래밭에 그림을 그릴까》 (추수밭)
» 이우신 외 《한국의 새》 (LG상록재단)
» 장석신 《동궐의 우리 새》 (눌와)
» 제7회 한국도요물떼새 네트워크 워크숍 자료, 2013
» 차윤정 《숲의 생활사》 (웅진지식하우스)
» 최재천 《개미제국의 발견》 (사이언스북스)
» 최재천 《인간과 동물》 (궁리)
» 최종욱 《동물원에서 프렌치 키스하기》 (반비)
» 콘라트 로렌츠, 유영미 옮김 《야생 거위와 보낸 1년》 (한문화)
» 폴 컬린저 《세계의 철새 어떻게 이동하는가?》 (다른 세상)
» 한승우 《한국산 지빠귀 3종의 영소 습성 비교 연구》 (호남대학교)
» 황보연 《우리 숲의 딱따구리》 (돌베개어린이)
» 히다카 도시다카, 배우철 옮김 《동물이 보는 세계, 인간이 보는 세계》 (청어람미디어)